現場で役立つ会話術

介護で使える言葉がけ

尾渡順子
社会福祉法人興寿会教育実践研修センター
認知症介護レクリエーション実践研究センター所長代理

シーン別実例 250

つちや書店

はじめに

　このたび、介護の"言葉がけ"というコミュニケーションをテーマに書籍をまとめることにしたのは、私自身、利用者とのコミュニケーションのとり方には相当苦労してきたためです。幼少時は家族関係が円満だったわけでもなく、近所付き合いも下手。職場でも、気の弱さから言いたいことが言えないこともあれば、逆に頑固な部分が出て人とぶつかってしまうこともしばしば。こんな自分でいながら、少しずつでも介護の道を歩んで来られたのは、先輩、上司、仲間からもらった"言葉がけ"のおかげです。「介護福祉士だからって、何の負い目を感じることはない。現場の最前線で働く専門職として、必要なことはどんどん発信しなさい」という一言は、介護の仕事と情報発信の狭間で迷う私の背中を、何度も押してくれたような気がします。そして、言葉で勇気づけられたことに感謝しながらも、"言葉がけ"そのものの威力にも驚きました。たった一言でこんなに変わり、たくさんの勇気がもらえるのだと。それならば、他の人も同じように、「言葉」によって「道」ができて、「言葉」によって「つながり方」が変わることもあるのでは、そう思えたのです。

そしてこれは、介護現場ではなおさらでした。高齢で目や耳が不自由な方、言葉が出てこない方、認知症によってコミュニケーションがとりにくい方など、状況の違う多くの方が集まっています。ケアスタッフの繊細な気づきと、対応が大きく関わる場所です。専門的な知識と、レベルの高い技術が必要になります。こうして私は、目の前のご利用者と接しながら、少しずつ言葉がけの種類を集めることにしたのです。

　本書における言葉がけは、私が現場でうまくいった成功事例と、失敗事例です。言葉がけは、言葉通りではなく、タイミングや相手の気持ちに左右されるため、ナイーブで、本書のフレーズをそのまま言えばいいというものでもありません。ただ、言葉の裏に伝えたいことの意図を正確に整えて、その上で言葉を選べば、こちらの思いは伝わりやすくなります。ぜひ、言葉がけのフレーズを実際に声に出して使ってみてください。本書が、介護現場で苦労されている皆さんにとって、少しでもお役に立つ参考書となれば幸いです。

尾渡　順子

Contents 目次

はじめに ……………………………………………………………… 2
本書の特長と使い方 ………………………………………………… 6

Introduction　介護現場での言葉がけの基本 …………… 7

言葉がけの心がまえ ……………… 8　　基本的なマナー ………………… 10
自己紹介 ………………………… 16　　相づち・受け答え ……………… 18
話のきっかけ作り ……………… 24　　セクシャルハラスメント(セクハラ) … 30
Column 1　話の切り口素材集　年代別の出来事・話題① …………… 32

CHAPTER 1　起床・就寝 ………………………………………… 33

起床 ……………………………… 34　　就寝 ……………………………… 38
トイレに起こす ………………… 42
Column 2　話の切り口素材集　年代別の出来事・話題② …………… 44

CHAPTER 2　歩行・車イス・体位変換 …………………… 45

歩行介助 ………………………… 46　　車イス …………………………… 48
体位変換 ………………………… 52
Column 3　話の切り口素材集　年代別の出来事・話題③ …………… 54

CHAPTER 3　食事 ……………………………………………………… 55

食事に誘導する ………………… 56　　食事を勧める …………………… 60
食事が終わったら ……………… 66　　吐いてしまったとき …………… 68
Column 4　話の切り口素材集　年代別の出来事・話題④ …………… 70

CHAPTER 4　入浴 ……………………………………………………… 71

お風呂に誘導する ……………… 72　　入浴前の脱衣 …………………… 76
浴室内 …………………………… 78　　入浴を終了させる ……………… 82
部分浴・清拭 …………………… 84　　機械浴槽での入浴 ……………… 86
Column 5　話の切り口素材集　年代別の出来事・話題⑤ …………… 88

CHAPTER 5　更衣・整容　　89

着替え …………………… 90　口腔ケア ………………… 94
整容 ……………………… 98
Column 6 話の切り口素材集　年代別の出来事・話題⑥ …………… 100

CHAPTER 6　排泄　　101

トイレに誘導する ……… 102　トイレに入っているとき … 104
失禁 ……………………… 106　おむつ …………………… 110
Column 7 話の切り口素材集　年代別の出来事・話題⑦ ………… 112

CHAPTER 7　レクリエーション　　113

レクリエーションに誘導する …… 114　活動中 …………………… 118
活動中のトラブル ……………… 122
Column 8 尾渡先生に質問① ……………………………………… 126

CHAPTER 8　送迎・外出　　127

自宅に迎えに行く ……… 128　送迎車に乗る …………… 130
施設での出迎え ………… 132　見送り …………………… 134
外出 ……………………… 136
Column 9 尾渡先生に質問② ……………………………………… 140

CHAPTER 9　認知症・その他の状況　　141

記憶障害 ………………… 142　見当識障害 ……………… 144
実行機能障害と理解力・判断力障害 … 146　運動性失語と失行 ……… 148
収集 ……………………… 150　夜間徘徊 ………………… 152
暴力 ……………………… 154　そのほかの認知症の症状 … 156
食事介助 ………………… 158　排泄介助 ………………… 160
寝たきりの人 …………… 162　視覚障害者 ……………… 164

おわりに …………………………………………………………… 166

介護現場の言葉がけ

本書の特長と使い方

本書では、介護の現場で役に立つ言葉がけの基本を、
シーン別に紹介しています。
具体的な状況をイメージしながら、実際に声に出して練習しましょう。

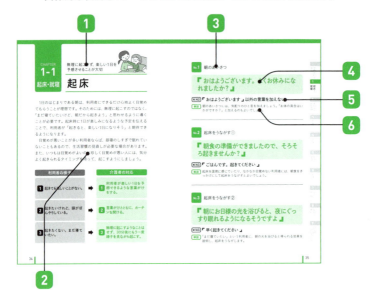

1. 介護現場で起きる状況を示しています。
2. 介護現場の状況と、問題点、留意すべきことを解説しています。
3. 具体的な介護のシーンです。
4. 言葉がけのお手本例です。
5. 対応しがちなNG例です。
6. 解説と注意すべき事項についての説明です。

Introduction

介護現場での 言葉がけの基本

介護現場で利用者に対しての言葉がけは、
敬意をこめる必要があります。
そのための心がまえと
基本的なマナーを確認しましょう。

Introduction
言葉がけ の基本

高齢者のこれまでの人生に
対して敬意を忘れない

言葉がけの心がまえ

　介護施設の主な利用者である高齢者と、年齢差のある介護者が会話でコミュニケーションをとるには、さまざまな問題が潜んでいます。話題が合わなかったり、話が通じにくかったりと、会話自体に悩むだけでなく、言葉がうまく通じないがために思わぬ事故を引き起こしてしまうことも少なくありません。

　高齢者は個人差こそあるものの、老いることが原因で心身の健康を失い、これまでできていたことが次第にできなくなりとまどっている過程にあります。そのため、介護現場の言葉がけでは、ちょっとした気配りの言葉を添えることが大切です。また、高齢者ひとりひとりが歩んできた人生に対して敬意を払い、その人の気持ちや生活習慣を尊重した言葉がけを心がけましょう。

気持ちと生活習慣を尊重した言葉がけ

目の前の高齢者の姿だけでなく、
その人が歩んできた人生も見つめましょう。

高齢者への言葉がけのポイント

1 その人のことを知る

年齢や出身地、家族構成、趣味など、高齢者がどのような生き方をしてきたのかをさまざまな面から知るようにすれば、話のきっかけ作りに役立ちます。

2 敬意をもって話す

介護者にとって、高齢者は長い人生を歩んできた「先輩」です。話すときには、高齢者への敬意を忘れず、丁寧な言葉遣いを心がけましょう。

3 わかりやすい言葉を使う

外来語や専門用語などは使わず、高齢者でもわかる言葉を使うようにしましょう。流行っているからといって、若者言葉や省略語などを使うのはNGです。

4 聞き上手になる

介護者は自分で話すよりも、高齢者の話に耳を傾けましょう。相づちをうまく使ったり、高齢者の気持ちに共感しながら話を聞くようにします。

5 話しやすい雰囲気を作る

話を聞くときには仕事の手を止めるなど、高齢者が「この人は私の話を聞いてくれる」と思えるような雰囲気を作り、コミュニケーションを深めましょう。

6 「待つ」ことを大切にする

高齢者は、言葉遣いや動作がゆっくりとしているものです。こちらへの返答にも、「早くして」とせかすことなく、高齢者が話してくれるのをじっくり待ちましょう。

Introduction
言葉がけの基本

身だしなみと話し方の5つのマナー

基本的なマナー

　言葉がけでのコミュニケーションでは、「言葉」の気づかいが不可欠ですが、基本的なマナーを守ることも大切です。たとえば、身だしなみを整えることで、自分がもつ清潔感や安心感などが利用者に伝わり、信頼を得ることができます。また、話すときの立ち位置や声のトーン、スピードなども、利用者が理解しやすく、安心できることを第一に考えましょう。

　「言葉以外」の気づかいの中で、もっとも大切なのは表情です。人生経験が豊かな高齢者は、人の表情に対して敏感であることが多く、無表情では「私を嫌いなのだろう」と判断されてしまいます。介護者が常に笑顔で対応していれば、言葉が聞き取りにくい人や認知症を患っている人にも明るいイメージを与え、話しやすい雰囲気を作ることができます。

5つのマナー

マナー❶	身だしなみ	▶▶▶ 11ページ
マナー❷	話すときの立ち位置	▶▶▶ 12ページ
マナー❸	声の大きさ・高低	▶▶▶ 13ページ
マナー❹	表情	▶▶▶ 14ページ
マナー❺	利用者の気持ちを読み取る	▶▶▶ 15ページ

マナー ❶ 身だしなみ

どんな施設でも清潔感を保つことが基本です。「おしゃれ」や「ファッション」ではなく、利用者の安全面や衛生面を考えた身だしなみを心がけましょう。

髪

男性
短く清潔感のある髪型にする。明るすぎる茶髪はNG。

女性
長い場合は邪魔にならないようにまとめる。明るすぎる茶髪はNG。

アクセサリー
男女ともに、基本的にはすべて外す。

顔

男性
剃り残しがないようにひげを剃る。

女性
ナチュラルメイクを心がける。派手な色味のアイシャドウや口紅は避ける。

服装
制服がある場合は正しく着用する。私服にエプロンを着用する場合は、必要以上にデザインが華美だったり、肌の露出が多いものは避ける。

爪
短く切りそろえる。ネイルやつけ爪などのはがれる可能性のあるものはつけない。

香り・におい
香水はつけない。香りの強い柔軟剤の使用も避ける。喫煙者は、タバコのにおいを衣服に付けないようにする。

靴
脱ぎ履きがしやすく、動きやすいものを用意する。

※基本的には施設の規則に準じる格好で、派手なものは避ける。

マナー❷ 話すときの立ち位置

言葉がけをするときは、利用者と適切な距離感を保つことが大切です。不安がらせたり驚かせたりしないように、視野に入ってから話をするようにしましょう。

視野に入って横に立つ

真正面に立つと利用者に威圧感を与えてしまい、身がまえられることもあるので、横に立つか、少し斜め前から話すようにしましょう。

後ろからの声かけは避ける

後ろから急に肩を叩いて声をかけるのは、利用者が驚いてしまうのでNGです。必ず利用者の視野に入るように、前から声をかけましょう。

話すときは目の高さを合わせて

利用者に話しかけるときは、必ず目の高さを合わせるようにしましょう。座っている人にはひざをつくなどして、目線を合わせます。

マナー❸ 声の大きさ・高低

高齢者が聞き取りやすい声の大きさや高さで話すようにします。また、人によっては片側だけ耳が聞こえづらい場合もあるので、事前に確認しましょう。

聞き取りやすいのは低くはっきりした声

高齢者の聴力低下は高音域から聞き取りにくくなる傾向にあります。話しかけるときは、声を低くしましょう。

大勢に話すときは大きな声で

広い部屋で多くの利用者に向かって話すときは、大きな声で話すことを心がけ、遠い席にいる人にも声が伝わるようにします。

プライバシーにかかわることは小声で話す

利用者のプライバシーにかかわることを話すときは、場所を移すか、ほかの人に聞こえないように小声で話しましょう。

マナー❹
表情

笑顔は人の心を和ませます。利用者が介護者にやさしさを感じ、安心して介護を受けてもらうためにも、笑顔の練習をしましょう。

介護で接するときは基本的に笑顔で

介護は基本的に笑顔でおこないましょう。笑顔でいることで、見た目はもちろん声質もやさしくなり、利用者に安心感を与えます。

すれ違うときは笑顔で会釈を

施設内で利用者とすれ違うときには、笑顔で会釈をしましょう。知らん顔で通り過ぎたり、無表情のままでいるのはNGです。

口角上げ体操

声をかけられやすい、やさしい表情でいるために
「口角上げ」の練習をしましょう。

1	2	3
「イー」と発声しながら、口を横に広げる。	そのまま口角を上げる。	上げにくいときは、人さし指で持ち上げる。

マナー❺ 利用者の気持ちを読み取る

言葉にできない利用者の気持ちを、表情と言葉から読み取る必要があります。言葉とは正反対の本音が隠れている可能性もあります。

表情や目の動きから本当の気持ちをつかむ

利用者の本当の気持ちを、表情から読み取るようにしましょう。体調を質問して「大丈夫」と返答されても、顔色が悪かったり目が泳いでいないかを確認します。

言葉を受け止め本音を見つける

利用者が一方的な話をしても、否定することなく受け止めましょう。発言の中に、本当の気持ちのヒントがかくされていることがあります。

ネガティブな気持ちには共感で応じる

「つらい」などの消極的な気持ちは、なだめたりするのではなく、「おつらいですよね」と共感することで、利用者の気持ちを落ち着かせましょう。

Introduction 言葉がけの基本

利用者との関係作りの第一歩

自己紹介

　介護現場での自己紹介は、利用者との関係作りの第一歩です。自己紹介としてこちらから話すのは、所属部署と名前だけでかまいません。また、利用者の名前と年齢は、フェイスシート（利用者の基本情報）などであらかじめ確認しておきましょう。特に名前は読み方を間違えないように気をつけます。

　自己紹介のあとで、「こちらこそよろしく」などのよい反応をいただけたら、そのまま簡単な雑談などを続けてもよいでしょう。もし無視されたり、無反応だったとしても落ち込む必要はありません。利用者がどのような状況（症状）なのかを確認したうえで、あとでもう一度自己紹介したり、言葉がけするなどしてみましょう。

利用者の様子	介護者の対応
1 初対面の人に対して、不安を感じている。	1 自分の名前を名乗り、介護を担当することを伝える。
2 名前はわかったが、何をしてくれるのか理解できず不安を感じている。	2 どのような介護を担当するかを説明する。
3 若い人だと、経験がなさそうで不安を感じている。	3 これまでの経験を素直に伝え、自分なりに精いっぱい介護をおこなうことを伝える。

No.1 自己紹介①

「××センター介護職員の△△と申します。よろしくお願いします」

×NG「私は△△です」

解説 自己紹介で名乗るときには所属部署などを簡単に説明し、最後に「よろしくお願いします」と笑顔でお辞儀をしましょう。

No.2 自己紹介②

「今日の夜勤を担当いたしますので、何かありましたらおっしゃってください」

×NG どんな介護を担当するかを説明しない

解説 どんな介護を担当するのかを付け加えることで、利用者に安心を与えましょう。

No.3 介護の経験が浅い場合

「わからないことも多いので、いろいろ教えてください」

×NG「介護の経験は長いです」(嘘をつく)

解説 経験の浅さを隠す必要はありません。これからの経験で多くのことを学びたい気持ちを、利用者に理解してもらいましょう。

Introduction
言葉がけの基本

気持ちよく話してもらうために
共感や驚きを表す

相づち・受け答え

　会話をスムーズに進めるには、利用者の話に相づちや受け答えをする必要があります。しかし、利用者の顔も見ずに相づちをうったり、心がこもっていない受け答えをしていては、利用者は「自分は軽んじられている」と感じてしまいます。利用者が「もっと話したい」「もっと話を聞いてほしい」と思えるように、話の流れに合わせるだけでなく、利用者の気持ちをしっかり受け止め、共感しながら相づちや受け答えをしましょう。

　相づちや受け答えのときには、表情にも気配りが必要です。よろこびや驚き、悲しみなど、利用者の話に合わせた表情で耳を傾けて、相づちや受け答えをしましょう。

利用者の様子	介護者の対応
① 自分の話をしっかり聞いているか心配。	① 相づちをして、話を聞いていることを表す。
② 話をしても、対応の仕方が素っ気ない。	② 利用者の話を受け止め、共感する。
③ 自分のつらい体験を聞いてもらいたい。	③ つらい経験でも共有することで、利用者との関係が深まる。

No.1 同意の相づち①

「ええ、よくわかります」

×NG「ふーん」

解説 利用者の気持ちに同意を示すときには、「私はあなたの気持ちを理解しています」という意思が伝わる相づちをうちます。

No.2 同意の相づち②

「確かにおっしゃるとおりです」

×NG「それは違うと思います」

解説 利用者の発言を理解したことを表します。「最近の若い人はダメだ」といった否定的な話の場合にも、まずは理解した様子を見せましょう。

No.3 同意の相づち③

「私もそう思います」

×NG「そうなのかなあ」

解説 利用者の話に心から同意・納得できる場合の相づちです。こちらが同意・納得した様子を見せることで、さらなる会話を引き出します。

No.4 驚きを表す相づち

『 まぁ、そうだったんですか 』

×NG『 マジで？ 』

解説 利用者の話に驚いたときの相づちです。よい意味での驚きの話題ならば、「それはびっくりですね！」と明るく言ってもよいでしょう。

No.5 賞賛する相づち①

『 それはすばらしいです 』

×NG『 すごーい！ 』

解説 利用者の昔話や自慢話には、努力と結果を褒めるような相づちをします。少々大げさに褒めたほうが、利用者には伝わりやすいです。

No.6 賞賛する相づち②

『 それはよかったですね 』

×NG『 そうだったんだ 』

解説 利用者を褒める同様の相づちですが、例えば「悪い出来事がよい方向に転じた」といった話で、ほっとした気持ちを伝えるために用います。

No.7 賞賛する相づち③

『 さすがは○○さんです 』

×NG 自慢話にあきれた態度をとる

解説 露骨な自慢話でもしっかりと耳を傾け、利用者を褒めましょう。「やっぱり○○さんはすごい」など、名前を出して褒めるようにします。

No.8 話を引き出す相づち①

『 それからどうなったのですか？ 』

×NG 『 それで？ 』

解説 話が途切れてしまったり、明らかに話に続きがありそうな場合には、「続きを教えてほしい」と伝えるための相づちをしましょう。

No.9 話を引き出す相づち②

『 何かあったのですか？ 』

×NG 『 じゃ、またね 』（聞きたくないので話を中断させる）

解説 利用者に言い出せないことがありそうな場合に、話を引き出すのに向いている言葉です。

No.10 教えたがりの利用者に①

「教えてくださりありがとうございます」

×NG (話を中断させて)「もういいです」

解説 時間を見つけて教えを聞くようにします。時間に余裕がなければ「○○の仕事の後でまた参りますので教えてくださいね」と伝えましょう。

No.11 教えたがりの利用者に②

「また何かありましたら、教えてください」

×NG「お話は十分聞いたので、もう結構です」

解説「話したいことがあれば、私が聞きます」という気持ちを伝えましょう。

No.12 共感する相づち①

「それは心配ですね」

×NG「大丈夫ですよ」(話もきかずに)

解説 心配や不安など、高齢者が抱きやすい気持ちに共感する相づちです。その原因が些細なことであっても、気持ちを受け止めるようにします。

No.13 共感する相づち②

「そんなに悲しいことがあったのですね」

×NG「悲しい話より、楽しい話をしませんか？」

解説 利用者のつらい体験を共有するときの相づちです。体験談を聞くことで、利用者のこれまでの人生を理解することができます。

No.14 苦労話に対して①

「私たちの世代では、想像もつきません」

×NG「私にはわからないです」

解説 昔の苦労を話す利用者は多いものです。利用者の生きてきた時代が、いまの時代よりも大変だったことを認める相づちをうって、話を広げましょう。

No.15 苦労話に対して②

「大切な話を打ち明けてくださり、ありがとうございます」

×NG「そういう話は苦手なんです」

解説 利用者が悲惨な体験などを話したときは、貴重な話を聞かせてもらっていると思い、感謝の言葉を伝えましょう。

Introduction
言葉がけの基本

利用者の情報を活かして話題を探す

話のきっかけ作り

　利用者とよい関係を築くには、会話でのコミュニケーションを重ねる必要があります。年齢や境遇が異なる利用者と介護者の間で会話をするには、きっかけ作りが大切です。

　まずはフェイスシートなどで利用者の情報を確認し、出身地やかつての職業などを話のきっかけにしてみましょう。ただし、こちらから質問ばかり続けるのではなく、利用者の話に共感したり、自分の知っている話題と絡めて話を展開させるようにします。もし利用者が答えるのを嫌がるような素振りを見せたら、それ以上聞くのはやめましょう。また、必要以上に利用者の身上を聞き出すことは、不信感を招くことになるので止めましょう。

利用者の様子	介護者の対応
1　若い介護者とどんな話をすればいいかわからない。	1　フェイスシートなどで確認した利用者の情報から、話題を探す。
2　流行の話題がわからない。	2　利用者に昔の話をしてもらえるように誘導する。
3　続けざまに質問されるのが嫌。	3　嫌がっている雰囲気が見えたら、それ以上は質問しない。

No.1 出身地の話題

「○○さんは××のご出身だそうですね。××の●●山に登ったことがあります」

×NG 利用者が出身地の話題を出しても乗らない

解説 出身地の話題は、どんな利用者でも答えやすいものです。自分の知識の中で、利用者の出身地に絡んだものを見つけて話しましょう。

No.2 かつての職業の話題

「○○さんは、学校の先生だったそうですね。教科は何を担当されていたのですか?」

×NG 「そんな仕事をしてたようには見えませんね」

解説 この話題は、男性の利用者がよろこんで答えてくれる話題です。どんな職業でどんな活躍をしていたのかを聞いてみましょう。

No.3 家族の話題①

「お子さんは、何人いらっしゃるんですか?」

×NG お子さんがいない人に、上記の質問をしてしまう

解説 女性利用者との間で話が広がりやすい質問です。事前のフェイスシートなどで、お子さんがいるかどうかを確認してから話題にしましょう。

No.4 家族の話題②

> 「亡くなったご主人（奥様）は、どんな方だったのですか？」

×NG「ご主人（奥様）は亡くなったんですか？」

解説 多くの高齢者は、家族や親しい人を失って喪失感を抱えています。故人との思い出を聞き出すことで、楽しかった頃を思い出してもらいましょう。

No.5 家族の話題③

> 「息子さんは○○さんに、よく似ていらっしゃいますね」

×NG「息子さんがいるんですね」で会話を終わらせる

解説 利用者のお子さんと利用者の関係が良好である場合は、「笑顔がそっくり」などと、利用者とお子さんとの共通点を探して話題にしましょう。

No.6 過去の話題①

> 「○○さんのお若い時代には、どんな歌が流行っていたのですか？」

×NG「古い歌のことはわかりません」

解説 歌や映画、ドラマなど、利用者の若い頃に流行っていたものを聞き出し、それらにまつわる思い出を教えてもらいましょう。

No.7 過去の話題②

「以前の東京オリンピックのときは、どのような雰囲気でしたか？」

×NG 「昔のことはよくわからないです」

解説 オリンピックや万博など、かつての大きなイベントを話題にして、それに関する利用者の思い出を聞き出してみましょう。

No.8 過去の話題③

「昔の人は立派でしたね」

×NG 「それがどうかしたのですか？」

解説 過去の話題から、昔の仕事や生活の不便さ・大変さの話になることがあります。そのようなときは素直に昔の人々を褒めて、話題を広げましょう。

No.9 趣味の話題①

「手先が器用でいらっしゃいますね。お洋服もご自分で縫えるのですか？」

×NG 「すごいですねー」

解説 レクリエーションなどで、上手な人がいたら必ず褒めましょう。そこから「ならば、もっとすごいことができるのでは？」と話を盛り上げます。

No.10 趣味の話題②

「俳優は、だれがお好きですか？」

×NG「私はあの俳優は好きではありません」

解説 テレビの話題では、俳優さんや女優さんの好みを聞いてみましょう。利用者が好きな芸能人に関して「私は嫌いです」などと否定するのはNG。

No.11 趣味の話題③

「プロ野球が始まりましたね。応援されている選手や球団はありますか？」

×NG「野球に興味はないので……」

解説 プロ野球が好きな男性の利用者は多くいます。話題作りに好みの選手や球団を聞いておきましょう。

No.12 おしゃれの話題

「髪型を変えられたのですね。素敵です」

×NG 利用者のおしゃれに対して無関心

解説 利用者がおしゃれをしてきたときには、最初に褒めましょう。そして「どこの美容室に行ったのですか？」などと話を広げます。

No.13 地域の話題

「来週は、この町のお祭りがありますね。○○さんは行かれたことはありますか？」

×NG この町の出身ではないという理由から、町の話題を出さない

解説 高齢者は住んでいる地域になじんでいることが多いので、お祭りをはじめとする地元の行事について尋ね、由来などを聞き出してみましょう。

No.14 時事的な話題

「梅雨入りが近いというニュースがありました」

×NG ニュースなどで最近の話題をチェックしていない

解説 ニュースなどで時事的な情報をチェックして話題にしましょう。特に天気の話題はどんな利用者も答えやすいので、欠かさずチェックしましょう。

No.15 得意分野の話題

「△△のことは、○○さんがよくご存じですよね」

×NG ほかの利用者の得意な分野について話題にしない

解説 数人で話をしているときに、ほかの利用者が得意分野の話題が出たら、その人に話を振って話を広げます。

Introduction 言葉がけの基本

セクハラ行為には毅然とした態度で対応を

セクシャルハラスメント（セクハラ）

　セクシャルハラスメント（セクハラ）は「性的嫌がらせ」を指す言葉です。介護現場では、利用者が異性の介護者の体を触ったり、卑猥（ひわい）な冗談を言うなどの行為が見られ、特に男性利用者から女性介護者へのセクハラ行為が多く報告されています。また、1対1で介護をおこなう訪問介護でセクハラ被害が多発しています。

　いたずら感覚でセクハラをしてくる利用者には、毅然とした態度で対応しましょう。利用者によっては、寂しさが原因だったり、認知症の症状としてセクハラ行為が現れることもあります。その場合は、どのようなことをされたかを記録に残し、上司やケアマネジャーに相談しましょう。

利用者の様子	介護者の対応
1 いたずら感覚なのでセクハラをしていると思っていない。	1 毅然とした態度で対応する。
2 利用者が1人暮らしになってから、セクハラをするようになった。	2 寂しさが原因の場合もあるので、上司やケアマネジャーに相談して対応を考える。
3 認知症による理性の欠如が原因と思われるセクハラをする。	3 記録を残し、上司やケアマネジャーに相談して対応を考える。

No.1　セクハラへの対処①

『やめてください』

×NG （ニコニコしながら）『ダメですよ〜』

解説 いたずら感覚でセクハラをする利用者には、毅然とした態度で「やめてください」とはっきりとやめるように言います。

No.2　セクハラへの対処②

『男性職員の○○と交替しますね』

×NG セクハラを我慢する

解説 陰部が露出する入浴介助や排泄介助は、セクハラの引き金になりやすいものです。これらは利用者と同性の介護者がおこないましょう。

No.3　セクハラへの対処③

『○○さんは、会社で部長として活躍されていたんですよね？』

×NG 効き目がないのに、同じ注意を続ける

解説 バリバリ働いていた頃の話や、「お孫さんはおいくつですか？」などの家族の話でプライドを刺激し、セクハラ行為を防ぎましょう。

Column 1 話の切り口 素材集

年代別の出来事・話題①
1920年代（大正9年〜昭和4年）

出来事

関東大震災
1923（大正12）年9月1日に相模湾北部を震源とするマグニチュード7.9の巨大地震が発生。神奈川・東京を中心に、千葉や茨城、静岡東部までの広範囲にわたって甚大な被害をもたらした。

アムステルダムオリンピック
1928年にオランダのアムステルダムで開催された夏季オリンピック。織田幹雄（陸上・三段跳）と鶴田義行（競泳男子200m平泳ぎ）が日本人初の金メダルを獲得。

話題

モボ・モガ
欧米のスターや映画俳優をまねて、当時の先端的をいくファッションをした若い男女を指す「モダンボーイ」「モダンガール」をそれぞれ省略した言い方。

チャーリー・チャップリン
数々の傑作コメディ映画を作り上げた映画監督・コメディアン。1921年のサイレント映画『キッド』や、1925年の『黄金狂時代』は日本でも人気を博した。

榎本健一
チャップリンの影響を受け、活躍したコメディアン・歌手。最初は東京・浅草を拠点に活躍し、のちに全国で「エノケン」の愛称で親しまれるようになった。

CHAPTER 1

起床・就寝

起床と就寝は、1日の生活のリズムを
作るための大切な基点です。
朝にはすっきりと目覚め、
夜には十分に体を休められるような
効果的な言葉がけを確認しましょう。

CHAPTER 1-1　起床・就寝

無理に起こさず、楽しい1日を予感させることが大切

起床

　1日のはじまりである朝は、利用者にできるだけ心地よく目覚めてもらうことが理想です。そのためには、無理に起こすのではなく、「まだ寝ていたいけど、朝だから起きよう」と思わせるように導くことが必要です。起床時に1日が楽しみになるような予定を伝えることで、利用者が「起きると、楽しい1日になりそう」と期待できるようになります。

　目覚めが悪いことが多い利用者ならば、昼寝のしすぎで眠れていないこともあるので、生活習慣の見直しが必要な場合があります。また、いつもは目覚めがよいのに珍しく目覚めが悪い人には、気分よく起きられるタイミングを待って、起こすようにしましょう。

利用者の様子	介護者の対応
1　起きても楽しいことがない。	1　利用者が楽しい1日を予感できるような言葉がけをする。
2　起きたいけれど、頭がぼんやりしている。	2　言葉がけとともに、カーテンを開ける。
3　起きたくない。まだ寝ていたい。	3　無理に起こすようなことはせず、30分後にもう一度様子を見ながら起こす。

No.1 朝のあいさつ

『 おはようございます。よくお休みになれましたか？ 』

×NG『 「おはようございます」以外の言葉を加えない 』

解説 朝のあいさつには、気配りのひと言を加えましょう。「お体の具合はいかがですか？」と加えるのもよいでしょう。

No.2 起床をうながす①

『 朝食の準備ができましたので、そろそろ起きませんか？ 』

×NG『 ごはんです。起きてください 』

解説 起床を面倒に感じていたり、なかなか目覚めない利用者には、朝食をきっかけにして起床をうながすとよいでしょう。

No.3 起床をうながす②

『 朝にお日様の光を浴びると、夜にぐっすり眠れるようになるそうですよ 』

×NG『 早く起きてください 』

解説 「まだ寝ていたい」という利用者に、朝の光を浴びると得られる効果を説明し、起床をうながします。

No.4 起床をうながす③

「顔を洗って、すっきり目を覚ましましょう」

×NG「どうして起きられないのですか？」

解説 起き抜けはぼんやりしていても、体を動かすと目が覚めるものです。まずは洗顔や着替えに誘導しましょう。

No.5 起床をうながす④

「まずは起きて、着替えだけでもしましょう」

×NG「さっさと起きて、着替えてください」

解説 着替えをすることで体を動かして目覚めへと導く言葉がけです。「着替えたあとで、眠かったらまた眠てください」とつけ加えてもOK。

No.6 起床をうながす⑤

「コーヒーのよい香りがしますね。おいしいコーヒーを飲むと元気が出ますよ」

×NG「コーヒーを飲みましょう」

解説 コーヒーの香りには、眠気覚ましの効果があるといわれています。目覚めの1杯に誘うことで、スムーズに起床してもらいましょう。

No.7 起床をうながす⑥

「 今日は○○さんの得意な押し花のレッスンがあります 」

×NG 「 早く起きないと、押し花もできませんよ 」

解説 楽しい1日をスタートさせるには、起きる必要があることをさりげなく伝える基本の言葉がけです。

No.8 早起きをうながす

「 昨日お伝えしたとおり、今日はお出かけですよ。涼しいうちに出かけましょう 」

×NG 「 今日は早起きするって昨日言ったでしょ 」

解説 責めるような言い方ではなく、「涼しい」や「気持ちいい」など、プラスの表現で気持ちよく目覚めてもらいましょう。

No.9 起きられない場合

「 まだ寝ていたいのですね。では、30分後にまた起こしに参ります 」

×NG 「 起床時間ですから起きてください 」

解説 なかなか起きられない場合は無理に起こさず、「後ほどまた来ます」と告げて、様子を見るようにしましょう。

CHAPTER 1-2 起床・就寝

利用者の睡眠環境を整え眠るための工夫をする

就寝

　就寝時間が近づいてきたら、ナイトケア（排泄・口腔ケア・着替え）をおこない、利用者それぞれが安眠できるように睡眠環境（室温や照明など）を整えます。また、スムーズな入眠は精神状態にも左右されることが多いので、その日の出来事を振り返り、心配事や不安などの睡眠を阻害する出来事がなかったかを確認することも必要です。

　一方、利用者がどうしても眠れそうにない場合には、無理に寝かせようとせず多少の夜ふかしは認めてもよいでしょう。眠れないことがストレスにならないように言葉をかけ、同室者に配慮しながらテレビを見たりおしゃべりをして、自然に眠くなるのを待ちます。

利用者の様子	介護者の対応
1 そろそろ眠る準備がしたい。	1 言葉がけをしながら、睡眠環境が整っているかを確認する。
2 心配事があって眠れない。	2 ほかの利用者がいない場所で話を聞く。
3 眠れず、目がさえている。	3 眠れないことが続く場合は、生活習慣を見直す。

No.1 睡眠の準備

『 そろそろ寝る時間です。寝るためのお手伝いをさせていただきます 』

×NG 『 就寝時間です。寝てください 』

解説 ナイトケアでおこなうことはほぼ決まっていますが、はじめる前にどのようなケアをするかを言葉で伝えるようにしましょう。

No.2 睡眠への誘導①

『 今日は楽しかったですね。きっとよい夢が見られますよ 』

×NG 『 さっさと寝てください 』

解説 楽しかった1日を振り返ることで、おだやかな気持ちで眠りにつけるようにする言葉がけです。

No.3 睡眠への誘導②

『 朝7時にきちんと起こしますから、安心してお休みください 』

×NG 『 どうして寝ないんですか？ 』

解説 「明日ちゃんと起きられるか心配」などと不安で寝つきが悪い場合には、不安を取り除く言葉がけをして、安眠に導きましょう。

No.4 睡眠への誘導③

『 横になるだけでも、体が休まりますよ 』

×NG『 ほかの人の迷惑になるので寝てください 』

解説 具体的な理由もなく眠れない利用者をとがめることはせず、横になって体を休めることを勧めます。

No.5 消灯時間①

『 枕元の照明をつけて、お部屋の電気は消しますね 』

×NG『 消灯時間ですよ。電気は消してください 』

解説 消灯時間を過ぎても明かりを必要としている利用者には、同室の利用者の睡眠を妨げないように、明かりを落としてもらいます。

No.6 消灯時間②

『 9時まではテレビをつけておきますね 』

×NG『 8時にはテレビを消す決まりになっています 』

解説 「番組を最後まで見たい」などの希望は拒否することなく、多少の夜更かしをする自由を認めましょう。

No.7 眠れずに動き回る

『眠れないようであれば、少しお話しませんか?』

×NG『こんなところにいないで、部屋で寝てください』

解説 眠れないことが理由で食堂などにいる利用者には、1対1でゆっくりと話す機会と考えて、「お話しましょう」と言葉をかけましょう。

No.8 空腹で眠れない

『おなかがすきましたか? ホットミルクでも飲みましょうか?』

×NG『歯を磨いたんですから、もう飲食はできませんよ』

解説 空腹は睡眠を妨げることがあります。少しだけ空腹を満たすことで入眠しやすくするための言葉がけです。

No.9 眠れないことにストレスを感じている

『無理に眠らなくても大丈夫です。テレビでも見ましょう』

×NG『寝る時間なのに、何してるんですか』

解説 眠れないことにストレスを感じさせず、安心してもらうための言葉がけです。テレビやラジオなどをつけて、ゆったり過ごしてもらいましょう。

CHAPTER 1-3　起床・就寝

不快感を最小限におさえ
謝罪の言葉とともに起こす

トイレに起こす

　夜間、トイレに行ってもらうために、利用者を起こすことがあります。睡眠中に起こされるのは誰にとっても不快なことですが、利用者に可能な限り気持ちよく起きてもらうためには、言葉がけによる誘導が大切です。

　眠っている利用者を起こすときには、乱暴に叩き起こすようなことはせず、ゆっくりと目を覚ましてもらうように声をかけ、「起こしてごめんなさい」と謝罪の言葉を告げて起こすようにします。起こされてすぐの利用者はぼんやりしていて、なぜ起こされたのかを理解できていないことが多いので、起こした理由としてトイレに行く必要があることを明確に伝えましょう。

利用者の様子	介護者の対応
1 眠っているのに起こされるのは不快。	1 必ず謝罪の言葉をかけてから、起こす。
2 おむつを長時間替えないと皮膚が赤くなってしまう。	2 排尿間隔や夜間尿量を調べ、その人に合ったトイレ誘導をする。
3 起こしても起きない。	3 パットなどを利用して、夜間に起こさないようにする。

No.1 起こすことへの謝罪

『起こしてごめんなさい。ちょっとだけ起きましょう』

×NG『起きてください。トイレの時間です』

解説 眠っている人を起こす場合は、必ず「ごめんなさい」などの謝罪の言葉を前置きし、起きるようにうながしましょう。

No.2 トイレへの誘導①

『いまのうちにトイレに行っておきましょう』

×NG『漏らしても知りませんよ』

解説 起きたがらない利用者でも、起こす理由をわかりやすく説明し、理解してもらいます。

No.3 トイレへの誘導②

『申し訳ありません、みなさんをトイレにお誘いしてるんですよ』

×NG『トイレに行ったほうがいいから、起こしてるんじゃないですか』

解説 起こされたことで、怒り出す利用者もいます。ほかの利用者の睡眠の妨げにならないように、上手になだめて、トイレに誘導しましょう。

Column 2 話の切り口素材集

年代別の出来事・話題②
1930年代（昭和5年〜昭和14年）

出来事

満州事変
1931（昭和6）年に日本が中国の満州の侵略を開始し、5ヶ月の間に満州全土を占領した一連の出来事のこと。その後1937（昭和12）年に日中戦争が起こり、太平洋戦争へと続いていく。

二・二六事件
1936（昭和11）年2月26日に、急進的な陸軍青年将校らが首相官邸を襲い、政府要人を殺害するクーデターを起こすが、陸軍当局によって鎮圧された。

ベルリンオリンピック
1936年にドイツのベルリンで開催された夏季オリンピック。前畑秀子（競泳女子200m平泳ぎ）が日本女性ではじめて金メダルを獲得した。

話題

ベーブ・ルース
1910〜1930年代にかけて活躍した、アメリカ・メジャーリーグの野球選手。1934（昭和9）年には、メジャーリーグから選抜されたスターチームの一員として来日している。

藤山一郎
1930〜1940年代にかけて大人気だった歌手。「丘を越えて」「青い山脈」「長崎の鐘」などを歌い、大ヒットに。1992（平成4）年には国民栄誉賞を受賞した。

CHAPTER

2

歩行・車イス・体位変換

歩行や車イスへの移乗・移動では、
安全に配慮した言葉がけが必要です。
体位変換する場合は、どんな動きをするかを説明して、
利用者の不安を軽減しましょう。

CHAPTER 2-1
歩行・車イス・体位変換

利用者の動作と危険回避の
アドバイスをおこなう

歩行介助

　歩行介助をおこなうときに大切なのは、利用者がどうして歩けないのか身体状況を把握することです。利用者の歩行のどの部分を手伝えばスムーズに歩けるか、確認しながら歩くようにします。利用者の身体状況は刻一刻と変わります。転倒や膝折れに留意し、安全な歩行を心がけましょう。

　歩行介助では、利用者の歩行スピードに合わせたり、麻痺などがある患側を支えることはもちろん、「通路に危険な場所はないか」「段差はないか」といった環境への配慮も必要です。歩く場所にある危険な障害物を見逃さず、タイミングよく言葉がけしながら介助しましょう。

利用者の様子	介護者の対応
1 突然の歩行は、どこに行くのかわからず不安。	1 歩行介助の前に、どこへ何のために行くのかを説明する。
2 歩き出す前に、イスから腰を上げるのさえ大変。	2 しっかり立ち上がっているかを言葉がけと目視で確認した後に歩行。
3 突然の階段や段差が怖い。	3 歩いているときには、次の動作をさりげなく伝える。

No.1 歩行目的を伝える

『食堂へ行くのをお手伝いしますね』

×NG『さぁ、行きますよ』（歩行の目的や目的地を告げない）

解説 歩行の目的を理解できていないと、利用者は不安に感じてしまいます。簡潔に「どこへ」「何のために」歩くのかを伝えましょう。

No.2 歩行前に立ち上がる

『しっかり立ち上がってから歩きましょう』

×NG 立つ動作を確認せずに歩かせようとする

解説 座っていたり寝ている場合、転倒などの危険が考えられますので、しっかりと立ち上がった状態を確認してから歩行をはじめましょう。

No.3 歩行中の注意喚起

『段差があって低くなっていますので、つまずかないように注意してください』

×NG 段差があることを伝えない

解説 危険や障害物を見逃さず、タイミングよく言葉がけをして注意をうながすことで、ケガや事故を回避できます。

CHAPTER 2-2 歩行・車イス・体位変換

移乗や移動の手順を
わかりやすく伝える

車イス

　利用者の車イスを動かすときには、利用者にどこへ何をしに行くのかを伝えます。そのとき、「動きますね」の言葉を忘れないようにしましょう。

　移乗時は転倒リスクが非常に高いので、「イスやベッドから立ち上がる→回転する→車イスに浅く腰かける→より深く腰かける」といった流れをあらかじめ説明することで、体が動かしにくい高齢者でも安全に車イスに座ることができます。また、「フットサポート」などの車イスの用語は「足乗せ台」などのわかりやすい言葉に置き換えましょう。

　方向転換や段差、道路の悪さがある場合はその都度、タイミングよく利用者に伝えましょう。

利用者の様子	介護者の対応
1 体が思うように動かせず、うまく移乗できない。	1 移乗の動作を、順番にわかりやすく説明したうえで介助する。
2 移動中、急に方向や道路状況が変わると怖い。	2 方向や道路状況が変わるときは、タイミングよく言葉がけをする。
3 車イスの用語が、わかりにくい。	3 車イスの用語は、高齢者にも理解できる言葉に置き換える。

No.1 車イスを使う目的を伝える

「病院へ行くために車イスを利用しますので、乗るお手伝いをいたします」

×NG「車イスに乗りますよ」

解説 車イスへの移乗をうながす前に、車イスに乗ることと、どこに行くために車イスを使用するのかを伝えましょう。

No.2 移乗の流れを伝える①

「立ち上がりましたら、ここ（机やベッドの柵など）につかまってゆっくりと車イスに腰かけてください」

×NG（車イスの座面を指さして）「ここに座ってください」

解説 移乗の流れを具体的に伝えましょう。必ず立ち上がったことを確認してから、車イスに座るようにうながします。

No.3 移乗の流れを伝える②

「最初は浅く座って大丈夫です。座れましたら、深く座り直してください」

×NG（最初に座る段階で）「深く腰かけてください」

解説 最初から深く腰かけてもらおうとはせず、最初に浅く座ってから、もう一段深く座ってもらうようにすれば、正しい位置に座れます。

No.4 用語の言い換え

「これが足乗せ台です。ここに足を乗せてください」

×NG「フットサポートに足を乗せてください」

解説 「フットサポート」などの車イスの用語は、高齢者にもわかりやすい言葉に換えて伝えましょう。

No.5 車イスを動かす

「後ろから車イスを押しますね。何かありましたら、声をかけてください」

×NG 無言のままで車イスを動かしはじめる

解説 車イスが突然動き出すと、乗っている利用者は恐怖を感じてしまいます。動かすときにはひと声かけましょう。

No.6 障害物を予告する

「この先に段差がありますので、少しガタガタしますよ」

×NG 言葉がけをせずに段差を通る

解説 段差などの障害物は避けて通るべきですが、どうしても避けられない場合は、障害物を通る前にタイミングよく予告しましょう。

No.7 利用者にお願いする

『 到着しました。ブレーキをかけていただけますか?』

×NG (ブレーキを指さして)『 それを上げてください 』

解説 操作をお願いする場合は、「それ」「あれ」などの指示語は使わず、わかりやすい言葉で伝えます。できない場合は介護者がおこないます。

No.8 車イスから降りる

『 気をつけてゆっくり降りてくださいね。まずは足を地面につけて、しっかり立ちましょう 』

×NG『 車イスから降りてください 』

解説 車イスへの移乗のときと同様に、降りるときも「前傾する→足に重心を乗せる→腰を上げる→立ち上がる」などの手順を明確に伝えましょう。

ポイント解説

車イスは「イス」ではなく移動用具

車イスは名称に「イス」がついていることもあり、イスのひとつと考えがちですが、実際は移動用具です。そのため、基本的には長時間座り続けるためには作られていません。長く座り続けることは褥瘡（床ずれ）の発症にもつながるので、利用者を必要以上に車イスに乗せ続けるのは避け、移動時だけに用いるようにしましょう。

※近年では、長時間座ることのできる車イスも開発されています。

CHAPTER **2-3** 歩行・車イス・体位変換

言葉がけで体位変換中の利用者の状態を確認

体位変換

　体位変換の介護者の行動は、あくまで利用者が体を動かすのを手助けするだけなので、利用者の協力なしではできません。そのため、体を動かす理由と目的を理解してもらいましょう。

　体位変換をする前に、利用者の麻痺や障害の状態をあらかじめ把握し、どんな体の動かし方が最適かを検討します。そのうえで実施時には、「痛くないですか？」「苦しくないですか？」などの言葉がけをしながら、利用者の表情を確認しましょう。不安そうだったり痛そうな顔をした場合は、体位を戻し「どうしましたか？」と理由をさぐります。

利用者の様子	介護者の対応
1 突然体に触れられるとびっくりする。	1 利用者の体に触れる前に、言葉がけをする。
2 なぜ体位変換が必要なのかがわからない。	2 何のために、どんな体位変換をおこなうかを説明して、協力してもらう。
3 体位変換のあと、体が痛くなったことがあるから不安。	3 体位変換後には「ご気分は悪くないですか？」と声をかけて、体調を確認する。

No.1 体位変換することを伝える

『 これから体の向きを少し変えますね 』

×NG 何も言わずに体位変換をはじめる

解説 利用者の体に触れる前に、体位変換をすることを必ず伝えます。意識がはっきりしていない利用者に対しても同様に言葉がけをします。

No.2 体位変換の目的を伝える

『 ずっと同じ向きは体調が悪くなるので、体の向きを変えましょう 』

×NG 『 あなたが嫌でも、体位変換は必要です 』

解説 介助の前に、なぜ体位変換をおこなうのかを説明しましょう。特に体位変換を嫌がる場合には、理解してもらえるように十分に説明をします。

No.3 起こりうることを予告する

『 ちょっと触ります。痛かったらおっしゃってください 』

×NG （痛みを発する可能性があるのに）『 痛くないですよ 』

解説 これから起こる可能性のあることを予告しておくことで、利用者に心と体の準備をしてもらうことができます。

Column 3 話の切り口素材集

年代別の出来事・話題③
1940年代（昭和15年〜昭和24年）

出 来 事

第二次世界大戦（太平洋戦争）
1940（昭和15）年に日独伊三国同盟を結び、1941（昭和16）年の御前会議でアメリカとイギリスへの開戦を決定。同年12月にハワイの真珠湾を攻撃したことで、実質的に日本が参戦。戦争が進むほどに日本の敗色が濃くなったものの、若い大学生なども戦地に送られ（学徒出陣）、多くの尊い命が失われる結果となった。1945（昭和20）年3月の東京大空襲、8月の広島と長崎への原爆投下といった大きな被害ののち、同年8月15日に終戦を迎える。

話 題

団塊の世代
1940年代後半の第1次ベビーブームに生まれた人たちを指す言葉。国内の総人口に占める割合の大きさから、作家・堺屋太一の小説『団塊の世代』の中で命名された。

李香蘭（山口淑子）
映画『支那の夜』の出演で一躍スターに。戦後、中国で国を裏切った罪で軍事裁判にかけられたが、日本人とわかり国外追放される。のちに参議院議員としても活躍した。

美空ひばり
12歳でデビュー後、「悲しき口笛」「リンゴ追分」などの歌で大スターに。昭和の歌謡界を代表する歌手のひとりで、女性として初の国民栄誉賞を受賞した。

CHAPTER

3

食事

利用者の楽しみのひとつが食事です。
食事の時間を楽しく過ごしてもらうために、
必要な言葉がけを確認しましょう。

CHAPTER 3-1 食事

食事を楽しめるように無理なく導く

食事に誘導する

　高齢になると唾液や消化液などの分泌が減り、噛む力が弱くなるため、食事への意欲が減ってしまうことが多いものです。そのために食事が面倒になったり、食事を拒否したりする人もいます。

　食事は味覚・視覚・嗅覚などの感覚を刺激し、多くの人と楽しみを共有できる大切な生活行為です。食事をすることを楽しめるような言葉がけをして、気持ちよく食事の場に行ってもらいましょう。言葉をかけてから食事の席に着くまでは、個人によってかかる時間に差があることを考慮して、時間のかかる人から順番に声をかけるようにしましょう。パタカラ体操や正しい姿勢の確認をしたり、歌を1曲歌うなどの「食前体操」を習慣づけることも大切です。

利用者の様子	介護者の対応
1　食事に興味がない。食事をする意欲がない。	1　食事への興味や楽しみが増えるような言葉がけをする。
2　食事前にどんな準備をすればよいかわからない。	2　食事前には、トイレや手洗いを済ませてもらう。
3　食事の席に着いても、会話が弾まない。	3　食事が出てくるまでの時間が、なごやかになるような言葉がけをする。

No.1 食事に誘導する①

『食事の準備ができましたので、食堂へいらっしゃいませんか？』

×NG 『食堂へ来てください』

解説 食事の準備ができたことを伝えて食堂に誘導します。強制的な誘い方はせず、「食べませんか？」など尋ねる形で言葉がけをします。

No.2 食事に誘導する②

『夕食のメニューは××ですよ。○○さんはお好きですか？』

×NG 『夕食は、メニュー表を見て確認してください』

解説 簡単にメニューを説明し、「お好きですか？」「食べたことはありますか？」など会話を楽しむきっかけをつくります。

No.3 眠っている利用者を食事に誘導する

『眠っていたいのはよくわかりますが、食事は大切なので起きましょう』

×NG 『起きて食事をしてください』

解説 「食事よりも寝ていたい」と言われた場合は、寝ていたい気持ちを受け止めながらも、健康のために食事は大切なことを伝えます。

No.4 食事前の準備

『 食堂に行く前に、トイレと手洗いを済ませましょう 』

×NG『 自分でトイレと手洗いを済ませてください 』

解説 食事前にトイレと手洗いを済ませてもらうように、介護者が誘導します。利用者任せにせず、トイレと洗面所に案内しましょう。

No.5 席に案内する

『 ○○さんの席はこちらです。どうぞお座りください 』

×NG『 早く座ってください 』

解説 利用者を席まで誘導します。席に着いたあとにエプロンをつける場合には、「エプロンをつけます」と言葉をかけます。

No.6 食べはじめる前に

『 食事の前にお茶を飲んで、喉を潤しましょう 』

×NG『 お茶を飲んでください 』

解説 食事の前に水分で喉を潤すと食べ物の通りがよくなり、誤嚥(ごえん)しにくくなります。配膳が終わるまでの間に、お茶を飲むことを勧めましょう。

No.7 手伝ってもらう

『テーブルを拭いていただけますか？』

×NG『テーブルを拭いてください』

解説 配膳前に準備等を手伝ってもらい、利用者の自立支援につなげましょう。食後も同様に、テーブルを拭いてもらうように言葉がけします。

No.8 食事が待てない

『もう少しお待ちください。ほら、おいしそうな香りがしますね』

×NG『静かに待っていてください』

解説 食事が出てくるのを待てず、いらだちを見せる利用者には、調理が進んでいることを香りを通して伝えましょう。

ポイント解説

食事は利用者の体調に合わせて対応する

利用者の体調が明らかに悪く、食事をとるのが困難な場合には、無理に食事をすすめる必要はありません。「もう少し体調がよくなってからにしましょう」と言葉がけをして食事をとりやめたり、食事の時間をずらすなど、体調に合わせた対応をします。

「食事は あとに しましょう」

CHAPTER **3-2** 食事

食事の内容を説明して興味をもたせる

食事を勧める

　食事を楽しみにしている利用者は多いものです。しかし、食べ物への認知能力が低下していると、食べ慣れた物でも「食べたことがない」と拒否反応を示すことがあります。また、刻み食やミキサー食を提供する場合、もともとの食材の形がわからなくなってしまうこともあり、食欲が低下してしまいかねません。そこで、食事のときには食べ物の名前や、食べ物の状態（「食べやすくほぐしています」「よい香りです」など）をさりげなく説明するようにしましょう。

　また、食事中はせかしたりせず、多少時間がかかっても、利用者のペースで食べてもらうようにしましょう。

利用者の様子	介護者の対応
1 食事の内容がよくわからない。	1 食事の内容や食材について、さりげなく説明する。
2 嫌いな食べ物は食べたくない。	2 好き嫌いは、利用者に合わせる。
3 食事をするのを手伝ってほしい。	3 その日の体調や気分を勘案しつつ、食事は1人でさせることが基本。できない部分だけを介助する。

No.1 食事の説明（産地が利用者の出身地）

『 今日の食事に使われている××の産地は△△だそうですよ 』

×NG 『 ××を使ったおかずです 』

解説 食材の産地が利用者の出身地だった場合には、利用者が食事に興味をもてるように産地を説明しましょう。

No.2 食事の説明（季節感）

『 旬のたけのこです。もうすっかり春ですね 』

×NG 特に何の説明もせず、配膳する。

解説 外出する機会が少ない利用者には、せめて食事で季節を感じてほしいものです。旬の食材を紹介して、季節の訪れを感じてもらいましょう。

No.3 食事の説明（ミキサー食）

『 これは筑前煮ですよ 』

×NG 説明なしにミキサー食を提供する

解説 ミキサー食だと食材の形が残っていないため、利用者は食事の内容を認識できないことがあります。さりげなくメニューを伝えましょう。

No.4 食事の説明④

> 「食べやすくするために、ほぐしてもよろしいですか？」

×NG ほぐすことを告げずに、勝手にほぐしてしまう

解説 ほぐされた肉や魚を提供するときには、これが食べやすくするための心配りであることを伝え、普通の肉や魚と同様の味であることを伝えます。

No.5 食べたがらない①

> 「よい香りですね。おなかが減ってきませんか」

×NG 「どうして食べないんですか？」

解説 食事をとろうとしない利用者には、食事のおいしさを伝える言葉がけをします。見た目や香りの表現で食欲を刺激しましょう。

No.6 食べたがらない②

> 「お味噌汁をひと口、召し上がりませんか？」

×NG 「とにかく食べてください」

解説 食べたがらない利用者には、ほんの少しだけでも口をつけるように勧めましょう。口をつけることで、食欲がわくことがあります。

No.7 好き嫌い

「好きなものから食べて、嫌いなものは食べられたらでいいですよ」

×NG 「好き嫌いはよくないですよ」

解説　食事に楽しさを感じてもらうことが大切なので、食べ物の好き嫌いについては利用者に合わせます。無理に嫌いなものを食べさせるのはNGです。

No.8 食材を噛まない

「しっかり噛むと、いっそうおいしく感じられますよ」

×NG 「ちゃんと噛んでください」

解説　食材をあまり噛まずに飲みこんでいる利用者には、噛むことで食事が一層おいしくなることを伝えましょう。

No.9 上手に食べられない

「こぼれても大丈夫です」

×NG 「こぼさないで食べてください」

解説　利用者は食事をこぼしてしまうことが多く、恥ずかしく感じているものです。こぼれても問題ないということを伝えましょう。

No.10 食事介助①

> 「こちらのおかずから召し上がりますか？」

×NG 無言でおかずを介護者が選び、利用者に食べさせる

解説 食事介助をする場合、おかずの食べる順番は利用者に決めてもらいます。利用者が選んだおかずは、器を持ち上げて確認しましょう。

No.11 食事介助②

> 「ごはんの量が多すぎましたね。小さい茶碗を使いましょう」

×NG 「茶碗をちゃんと持ってください」

解説 茶碗が重くて持てない場合や、ごはんの量が多い場合は、小さな茶碗に変えます。

No.12 介助を求める

> 「ご自身で召し上がった方が、きっとおいしいですよね」

×NG 「食べさせてあげます」

解説 その日の体調や気分にもよりますが、食事は基本的に利用者自身でおこないます。補助具などを使いながら食事をすすめ、介助は最小限にとどめましょう。

No.13 「食べて」と食事をすすめられたら

『 ありがとうございます。私は先にいただきました 』

×NG『 いりません 』

解説 利用者から「私の分を食べない?」と言われたら、強く拒否せずにやんわりと断りましょう。

No.14 ほかの利用者に食事を分けたがる

『 ○○さんのために栄養を考えて作った食事なので、ほかの人にはあげられないんですよ 』

×NG『 そんなことしないでください 』

解説 自分のおかずをほかの人に分けようとしても叱ったりせず、食事は個人に合わせて作られていることを伝えます。

No.15 食事中にうとうとしている

『 もう少し横になったあとで、お食事をされますか? 』

×NG『 目を覚ましてさっさと食べてください 』

解説 意識がはっきりしていない状態での食事は、誤嚥の危険性が高まります。一度横になって時間をおいてから食事をするかどうかを検討しましょう。

CHAPTER 3-3　食事

利用者のペースに合った対応が大切

食事が終わったら

　事業所によって配膳下膳のタイミングは異なると思いますが、多人数で食事をする場合、全員が食事を楽しめるように配慮をする必要があります。早く食べ終わった人が席を立ったり、食器を片づけはじめたりすると、食事中の人が食事をやめてしまうことがあります。早く食べ終わった人には、ほかの人が食べ終わるまで席に着いていてもらえるような言葉がけをしましょう。また、食事のペースが同じような人を一緒のテーブルにする配慮も必要です。

　食事の量に負担を感じているようであれば、食べきれないものをさりげなく下げるようにするなど、不安を感じさせないことも大切です。いつまでも片付けないと、他人の食べ残しを食べてしまう方もいますので、気をつけましょう。

利用者の様子	介護者の対応
1　食事の量が多く、食べきれない。	1　普段の食事量を勘案した上で、食べきれないものはさりげなく下げてしまい、食べられる分だけを置いておく。
2　食べ終わったので、早く部屋に戻りたい。	2　言葉がけから団らんの雰囲気を作り、席に着いていてもらう。
3　ほとんどの利用者が食べ終わっており、時間をもてあましている。	3　食べるのがゆっくりな人から配膳していくなど、配膳に時間差を作る。

No.1 食事を済ませた利用者に①

「食事はおいしかったですか？ お茶をお持ちしますね」

×NG 食べ終わった人が席を立つことに対応しない

解説 早く食べ終わった人が席を立ってしまうと、食事中の人が焦ってしまいます。お茶を出すなどして、席に着いていてもらいましょう。

No.2 食事を済ませた利用者に②

「食器を下げるのを手伝っていただけませんか？」

×NG 「自分の食器だけでも下げてください」

解説 自立支援も考慮して食べ終わった人には、下膳などの手伝いをしてもらいましょう。手伝いは、歩行が安定した利用者に限定します。

No.3 食べきれない人に

「こちらはお下げしてもよろしいですか？」

×NG 「食べないなら下げますよ」

解説 食事の量が多いようであれば、食べきれないおかずを下げてよいか確認します。

CHAPTER 3-4　食事

吐いた人を安心させつつ
まわりの人にも気配りを

吐いてしまったとき

　食事中に利用者が嘔吐をした場合、吐いた人はもちろん、まわりの人たちにも配慮が必要になります。吐いた人については、吐瀉物を口から取り除いて気管に入らないようにします。そのとき、「苦しいですね」「大丈夫ですか」などの言葉がけが必要です。また、吐き方や吐いたものの形などから、嘔吐の原因を考えたり、病気の発症の疑いを探ります。食中毒などの感染症が考えられる場合は、すみやかに適切な処置をしましょう。まわりの人には、吐瀉物を見て不快にならないように、吐瀉物にすぐに濡れ新聞をかぶせて見えないようにして、換気をしてにおいを取り除きます。そのうえで吐いた人に非難が集まらないように言葉がけをしましょう。

利用者の様子	介護者の対応
〈まわりの人〉 1　食事中に吐瀉物を見るのは嫌だ。	1　吐瀉物はすぐに濡れ新聞などで覆い、まわりの人には見えないようにする。
〈吐いた人〉 2　吐いてしまって苦しいし、みんなの前で吐いたのが恥ずかしい。	2　吐いた人の体調や恥ずかしさに配慮した言葉がけをする。
〈まわりの人〉 3　どうして食事中に吐くんだろう。	3　吐いた人に非難が集中しないように、まわりの人に言葉がけをする。

No.1　吐いた人に対しての配慮①

「大丈夫ですか？　まだ気分が悪いですか？」

×NG「食事中に吐くなんて！」

解説　すぐに医療職を呼び、指示に従いましょう。ガーグルベースやおしぼり等を準備します。

No.2　吐いた人に対しての配慮②

「すぐきれいにしますから、気になさらないでくださいね」

×NG（吐いたあとの片づけをしながら）「面倒だなぁ……」

解説　吐いた人は、自分の吐瀉物の片づけなどについて申し訳なく思っています。その気持ちをやわらげる言葉がけをおこないましょう。

No.3　まわりの人に対しての配慮

「少し体調を崩されていたみたいです。申し訳ありませんでした」

×NG「食事中に吐くなんて非常識ですよね」

解説　まわりの人に対しては、吐いた人について「体調が悪かった」「喉が詰まった」などの一般的な理由を説明し、謝罪します。

Column 4 話の切り口 素材集

年代別の出来事・話題④
1950年代（昭和25年～昭和34年）

出来事

ビキニ環礁水爆実験
1954年3月1日、アメリカが太平洋上のビキニ環礁で水爆実験を実施。日本の漁船・第五福竜丸をはじめとする数百隻の漁船が被曝した。

伊勢湾台風
1959（昭和34）年9月26日に上陸した台風15号が、東海地方を中心として、ほぼ全国にわたって甚大な被害をおよぼした。死者4,697人、行方不明者401人。

話題

黒沢明
世界的な映画監督。1951（昭和26）年に『羅生門』がヴェネツィア国際映画祭で日本映画初の金獅子賞を、1954（昭和29）年には『七人の侍』で銀獅子賞を受賞。

石原裕次郎
1956（昭和31）年に映画『狂った果実』でデビュー後、多くの映画やドラマ、歌でヒットを記録し、大スターに。兄は元東京都知事の石原慎太郎。

オードリー・ヘップバーン
イギリス人女優。1953年公開の映画『ローマの休日』でアカデミー主演女優賞を受賞し、その後も『ティファニーで朝食を』『マイ・フェア・レディ』など、ハリウッド映画のヒット作に出演した。

CHAPTER
4

入浴

入浴には体を清潔にするほかに
血行をよくして体調をととのえる効果が
ありますが、恥ずかしさや体の不自由さから
嫌がる利用者も多いです。
入浴を無理なく勧め、心地よさを
感じてもらえる言葉がけを確認しましょう。

CHAPTER 4-1 入浴

決して無理強いせず嫌がる原因を探る

お風呂に誘導する

　入浴は体を清潔に保つために必要なほか、血行の改善からリラックス効果も得られるため、心身の健康維持には欠かせません。しかし、集団入浴に慣れていなかったり、介助されることが恥ずかしい、体調が悪いなど、さまざまな理由で入浴を嫌がる利用者は多いものです。そのような場合には入浴を嫌がる原因を取り除き、利用者が安心して入浴できるようにしましょう。どうしても入浴を嫌がる利用者には、「無理にお風呂に入れるようなことはしませんよ」と言葉をかけて、信頼関係を築くことも大切です。

　入浴への拒否反応が強い場合は、時間をしばらくおいて様子を見たり、ほかの介護者に誘ってもらうなどの工夫をしてみましょう。

利用者の様子	介護者の対応
1 一番風呂に入りたい。	1 率先して入浴したがる利用者については、入浴の好みを把握しておく。
2 （さまざまな理由から）お風呂には入りたくない。	2 心身の健康維持のため大切であることを説明する。
3 長湯好きなので、ゆっくり入りたい	3 のぼせの危険性を伝え、時間を見て出浴をうながす

No.1　入浴への誘導

『お風呂の準備ができましたので、入りませんか？』

×NG　『お風呂に入ってください』

解説　お風呂に入ることを勧める場合、「入ってください」と命令に近い口調ではなく、「入りませんか」といった勧誘の口調を心がけましょう。

No.2　寒い日を理由にした入浴誘導

『今日は寒かったですね。お風呂に入って体をあたためましょう』

×NG　『寒い日にお風呂に入らないでどうするの？』

解説　寒い日にお風呂へ誘導する言葉がけです。入浴後には、「体はあたたまりましたか？」と質問するとよいでしょう。

No.3　汗をかいた後の入浴誘導

『汗をかいていませんか？　汗を流して着替えをすると、風邪をひきませんよ』

×NG　『汗をかいたのに、風邪をひいても知りませんよ』

解説　汗をかいた後の不快さを感じにくい利用者もいます。入浴後の爽快感から、入浴を好きになってもらいましょう。

No.4 外出を理由にした入浴誘導

「 明日は病院に行くので、お風呂に入ってきれいにしておきましょう 」

×NG 「 汚い体をお医者さんに見られても知りませんよ 」

解説 通院や外出など、翌日の予定を理由にして入浴に誘う言葉がけです。人前に出るには身だしなみを整えることが大切だと伝えましょう。

No.5 体調の確認を理由にした入浴誘導

「 看護師がいますので、背中に傷がついていないか見てもらいましょう 」

×NG 「 服を脱ぐことなんて恥ずかしくありません 」

解説 人前で服を脱ぐのが恥ずかしい利用者には、体調の確認を理由に服を脱いでもらい、入浴を誘います。

No.6 不慣れな利用者の入浴誘導

「 先に○○さんが入っていらっしゃるようですよ。気持ちよさそうですね 」

×NG 「 お風呂に入らないのは、△△さんだけですよ 」

解説 集団入浴に慣れていない利用者には、実際の入浴の様子を見せて、安心してもらいましょう。

No.7 家族から頼まれたことを理由にした入浴誘導

『 ご自宅の浴室で転んだら危ないので、こちらで入浴するように息子さんから頼まれました 』

×NG 『 お風呂に入れないと、私が息子さんに怒られます 』

解説 利用者の家族から頼まれていることと、家族が利用者を危険にさらしたくないと思っていることの両方を伝え、入浴に誘導します。

No.8 足浴の提案

『 足だけでもお湯につかってみませんか？体も拭きますよ 』

×NG 『 入浴しないなら、勝手にしてください 』

解説 どうしても入浴を嫌がる場合は、足浴を提案しましょう。部分浴に慣れると、入浴に移行できることがあります。

No.9 理由を尋ねる

『 お風呂に入りたくない理由を教えていただけませんか？ 』

×NG 『 どうして入りたくないの？ 』

解説 入浴を拒否する理由を、やさしく尋ねましょう。理由がわかれば、障害に対処し、入浴できる環境を整えます。

CHAPTER
4-2
入浴

露出を最小限にして
恥ずかしさに配慮する

入浴前の脱衣

　人前で衣服を脱ぐことは、恥ずかしいものです。もちろん高齢の利用者も例外ではなく、入浴や脱衣を手伝ってもらう必要があるとはいえ、介護者の前で衣服を脱ぐのに抵抗があります。利用者の気持ちをふまえ、気分を害さず脱衣をしてもらえるような言葉がけをしましょう。

　脱衣に介助が必要な場合でも、介護者が直接手伝うことは少なめにして、できる限り自分でやってもらうことで利用者の恥ずかしさは軽減できますし、自立支援にもつながります。脱衣の介助のときには、利用者が露出する部分を最小限に抑えたり、同性の介護者が介助を担当するなどの配慮をしましょう。

利用者の様子		介護者の対応
1 自分ひとりで脱衣するのが難しい。	→	1 できる限り自力で脱衣してもらい、できない部分だけ介護者が介助することを伝える。
2 衣服を人前で脱ぐのが恥ずかしい。	→	2 肌の露出を最小限にして、タオルで隠してもらうなどの配慮をする。
3 本当は恥ずかしいけど、恥ずかしくないふりをしている。	→	3 恥ずかしがるそぶりを見せない利用者にも配慮を忘れない。

No.1 脱衣してもらう

「左手の袖はお手伝いしますね。右手はご自分で脱いでいただいてよろしいですか？」

×NG「全部お手伝いします」

解説　脱衣は本来、自立支援のためにも、すべて自分でおこなうものです。利用者にはできる限り自力で脱いでもらい、できない部分だけ介助します。

No.2 脱衣を恥ずかしがっている

「申し訳ありません。恥ずかしいですよね。バスタオルで隠しましょう」

×NG「恥ずかしがる歳でもないでしょう」

解説　人前で脱衣するのは、恥ずかしいのが当たり前。利用者の気持ちを理解し、露出した部分はバスタオルで隠すなどの配慮をしましょう。

No.3 脱衣中

「寒くありませんか？ もう少しお待ちください」

×NG 何も言わずに利用者の衣服を脱がせる

解説　脱衣の介助中に、裸で待つのは心細いものです。なるべく浴槽に入る直前に裸になるよう配慮します。また、寒いようならバスタオルをかけるようにしましょう。

CHAPTER 4-3 入浴

利用者の安全を第一に考え
ゆったりと入浴してもらう

浴室内

　浴室は滑りやすく、湯気で視界もぼやけるので、事故が起きやすい場所です。浴室内を移動するときには安全を第一に考え、「滑りやすいので気をつけて」と言葉がけをし、必要であれば手を添えて利用者を誘導しましょう。

　体を洗う介助では、できる限り自分でやってもらうようにします。特に陰部は、手の届く利用者には自分で洗うように言葉がけをし、洗い残しがあるようなら手伝うようにします。そのときには、「○○を洗うのをお手伝いしますね」と言葉がけをしたうえでおこないましょう。浴槽につかっている間は、リラックスしてもらうことに重点を置きましょう。

利用者の様子	介護者の対応
1 介護者に体を洗われるのが恥ずかしい。	1 利用者には自分で洗えるところは洗ってもらう。特に陰部は洗ってもらえるようにうながす。
2 自分では洗いにくい部分がある。	2 洗いにくい部分は手伝うが、介護者が強引に洗うことはしない。
3 浴槽にはゆっくりつかりたい。	3 ときおり言葉がけをして、のぼせていないかを確認する。

No.1 体を洗う①

「ご自分で洗えるところは、○○さんにお願いしますね」

×NG「全部自分で洗ってください」

解説 自分で洗えるのに、「手伝ってほしい」と言う利用者もいますが、できる限り自分で洗ってもらえるように言葉がけしましょう。

No.2 体を洗う②

「洗いにくいところは、私がお手伝いします」

×NG「面倒なので、全部私が洗います」

解説 利用者が洗いにくそうにしていても、自分で洗えるところはなるべく洗ってもらい、介護者は洗えないところだけを手伝います。

No.3 体を洗う③

「こちら側は手が届きにくいと思いますので、お手伝いします」

×NG「ここ、洗ってないじゃないですか」

解説 利用者が洗えない部分を洗う場合には、「手が届きにくいので」「洗うのが難しい部分なので」と説明して、洗う手伝いをしましょう。

4 入浴

No.4 体を洗う④

『まずはお下(しも)を洗ってくださいね』

×NG『そこを洗ってください』

解説 陰部を洗うことをお願いするときの言葉がけです。陰部を遠まわしに表現することで、利用者の恥ずかしさを軽減します。

No.5 体を洗う⑤

『シャンプーからはじめてもよろしいですか？』

×NG どこから洗ってほしいかを尋ねない

解説 体を洗う介助をするときには、洗う順番は利用者の習慣に合わせる必要があるので、どこから洗ってほしいかを利用者に尋ねましょう。

No.6 体を洗う⑥

『それでは、頭を洗います』

×NG 何も言わずに頭を洗いはじめる

解説 いきなり洗い出すようなことはせず、「○○を洗います」と告げてから洗いましょう。目にお湯が入ることを嫌う利用者には、タオルを目にあててもらいます。

No.7 浴槽に入る①

「浴槽の縁が高くなっています。手すりにつかまって、ゆっくり入りましょう」

×NG 言葉がけせずに、浴槽に案内する

解説 浴槽の縁をまたぐときは、バランスを崩しやすいです。注意喚起しながら、手すりなどの補助具を使うことをすすめます。

No.8 浴槽に入る②

「限られた時間ですが、入浴を楽しんでください」

×NG「ほかの人も入るので、早めに上がってください」

解説 長風呂を好む利用者については、ほかの人の入浴スケジュールにも配慮して、最初に入浴には制限時間があることを伝えておきましょう。

No.9 浴槽に入る③

「お湯の温度は大丈夫ですか？」

×NG 利用者に湯温の確認をせず、入浴させる

解説 洗髪や洗顔でシャワーをかけるときも、まずは職員自身の肌で温度を確認し、そして利用者の手や足等で確認してから、体にかけるようにしましょう。

CHAPTER 4-4 入浴

のぼせていないかを確認し
適切な時間で上がってもらう

入浴を終了させる

　日本人は一般的にお風呂が好きな人が多く、長風呂を好む傾向にあります。そのため利用者の中にも、ゆっくりと浴槽につかることを希望する人がいますが、血圧の上昇を招くこともあり、長風呂を避けた方がよい場合があります。そのため、あらかじめ入浴時間を決めておいたり、入浴中に時間を確認しながら言葉がけをして上がってもらうようにしましょう。そのとき、「○○さんのお体が心配ですから」と、利用者のことを考えたうえでの行動であることを伝えます。また入浴中には、利用者の顔色や皮膚などをよく観察しながら体調を気づかい、入浴後は水分補給を忘れないようにしましょう。

利用者の様子	介護者の対応
1 長風呂をしたい。	1 これ以上の長風呂は体によくないことを伝えて理解してもらう。
2 浴槽にどのくらい入っているのかを忘れてしまう。	2 入浴を終える時間に言葉がけをして、上がってもらう。
3 のぼせるという感覚がわからない。	3 言葉がけをしながら利用者の様子を観察し、体調が悪くなっていないか確認する。

No.1　浴槽から出てもらう①

『 そろそろお顔が赤くなっていらしたので、出ましょうか 』

×NG『 早く上がってください 』

解説　利用者の中には、自分で体調が悪くなっていることを気づけない人もいます。顔色などを確認しながら、適切な時間で浴槽から出てもらうように言葉がけします。

No.2　浴槽から出てもらう②

『 ○○さんがのぼせてしまうのが心配です 』

×NG『 のぼせても知りませんよ！ 』

解説　浴槽から出てほしいことをお願いしているのは、あくまで利用者の健康状態を気にかけているからだと伝える言葉がけです。

No.3　浴槽から出てもらう③

『 1曲歌ったら、お風呂から出ましょう 』

×NG『 歌を歌うぐらいなら、上がってください 』

解説　入浴中に歌うのが好きな利用者ならば、歌を1曲歌い終わるタイミングで、浴槽から出てもらいましょう。

CHAPTER 4-5 入浴

手順を確認しながら
心地よさを感じてもらう

部分浴・清拭

　寝たきりの利用者や入浴を拒否することが多い利用者には、足浴や手浴などの部分浴のほか、体を拭く清拭をおこないます。

　部分浴は、可能なかぎり利用者の体を起こしておこないます。寝たきりの人の場合は体を起こすことが大変ですが、部分浴の気持ちよさで起きていることがつらく感じられないことが多いものです。湯加減などを言葉がけで確認するなど、コミュニケーションをとりながらおこないましょう。清拭は肌の露出を最小限にして、タオルの温度を確かめながら実施します。「まずは右腕を拭きます」「次は左腕です」と拭く部位を言葉がけで伝えて、「かゆみや不快なところはありませんか？」と確認しましょう。

利用者の様子	介護者の対応
1 体を起こしたくない。	1 体を起こすことで、部分浴で気持ちよくなれることを伝える。
2 具合が悪くて、お風呂に入れない。	2 清拭で体を清潔にできることを伝える。
3 体を突然拭かれると、びっくりする。	3 拭く部位をあらかじめ伝えたうえで、自分で温度を確認し、必ず手などに当て「熱くないですか」と確認する。

No.1 部分浴の実施

『足を洗ってすっきりしましょう。起き上がってみませんか？』

×NG 無理やり起こして足浴をする

解説 寝たきりの人の部分浴は、起き上がってもらう必要がありますが、足を洗うことの心地よさを伝え部分浴に理解を得ましょう。

No.2 清拭の実施①

『しばらくお風呂に入っていませんから、お体を拭きましょう』

×NG 何も告げずに清拭をする

解説 清拭で肌をさらすことが恥ずかしい利用者もいます。なぜ清拭をする必要があるのかを最初に伝えて、協力してもらいます。

No.3 清拭の実施②

『寒くならないように、熱めのお湯で絞ったタオルで拭きますね』

×NG 拭きはじめてから『熱いですよ』と伝える

解説 熱めのタオルで清拭をするときは、やけどしそうな熱さではないとしても、あらかじめ温度について伝えておきましょう。

機械浴槽での入浴

CHAPTER 4-6 入浴

緊張と恐怖心をやわらげて恥ずかしさにも配慮する

　機械浴槽は、歩行や座位（イスなどに座る姿勢）が難しい利用者が使う特別な浴槽です。ストレッチャーに寝た状態で浴槽に入るタイプでは、ストレッチャーの幅が非常に狭く、横になる位置が高いので、不安を感じる利用者は少なくありません。

　また、裸のままでストレッチャーに乗ることや揺れに不安を感じる人もいます。

　機械浴槽で入浴するときには、利用者の緊張をほぐし、機械操作での入浴でも、介護者が見守っていることを伝えながら安心してもらうことが大切です。また、機械の動きの流れをあらかじめ伝えることも必要です。

利用者の様子	介護者の対応
1 機械浴槽が不安。	1 介護者が見守っていることを伝える。
2 裸でストレッチャーに乗るのが嫌だ。	2 浴槽に入るとき以外は、バスタオルで体をおおう。
3 機械がどんな動きをするかわからなくて不安。	3 機械の動きの順番を伝える。

No.1 機械浴槽での入浴①

「ずっと横にいますからね。怖くないですよ」

×NG 無言のままで機械浴槽を操作する

解説 機械浴槽に対して恐怖心を抱いている利用者には、介護者が側で見守って手助けしていることを常に伝えるようにします。

No.2 機械浴槽での入浴②

「裸のままでごめんねさい。お湯につかるとき以外は、バスタオルをかけておきますね」

×NG 裸で横たわる利用者に、何の気配りもしない

解説 裸でストレッチャーに乗せられている利用者に申し訳なさを謝罪し、バスタオルをかけるなどの配慮をしましょう。

No.3 機械浴槽での入浴③

「まずはここに寝ていただき、ベルトをします。安全を確認をしたら動きますので、注意してくださいね」

×NG 何の説明もなく、機械入浴をおこなう

解説 機械浴槽の手順は、利用者が裸になる前に説明します。入浴するときにも、操作の前に必ず「○○しますね」と言葉がけをしましょう。

Column 5 話の切り口素材集

年代別の出来事・話題⑤
1960年代（昭和35年～昭和44年）

出来事

ベトナム戦争
ベトナムの南北分断後、南ベトナムを支援していたアメリカが、北ベトナムが支援する南ベトナム解放民族戦線と交戦。1975年に南ベトナム政府が崩壊し、翌年に南北ベトナムが統一された。

三億円事件
1968（昭和43）年12月10日、現金を輸送中の車が白バイ隊員に扮した犯人に約3億円を強奪された事件。1975（昭和50）年に時効が成立し、未解決事件となった。

東京オリンピック
1964（昭和39）年に、アジアではじめて東京で開催された夏季オリンピック。女子バレーボールで日本が金メダルを獲得し、「東洋の魔女」と呼ばれた。

話題

ダッコちゃん
1960（昭和35）年に発売された、空気でふくらませるビニール製の人形。真っ黒な人型で、輪になっている両手足に腕などを通して持ち歩けた。若い女性の間で大ブームに。

ビートルズ
イギリスの4人組ロックバンドで、多くの曲が世界的なヒットとなる。1966（昭和41）年に来日し、日本武道館における初のロックコンサートを開催。1970（昭和45）年に解散。

CHAPTER 5

更衣・整容

高齢者は着替えや身だしなみを億劫に感じるもので、
人と会う機会が少ないと、さらに面倒になるものです。
清潔を保つことの必要性を
利用者に伝えながら、
すすんで取り組んでもらえるようにしましょう。

CHAPTER 5-1 更衣・整容

毎日の衣類の選択と着脱を介助する

着替え

　起床後、寝間着から普段着に着替えることを億劫に感じている利用者は多く、さらに認知症が進むと、着替えることの意味さえわからなくなることもあります。また、手足に拘縮があると動かすことがつらくなり、着替えることを拒否する人もいます。睡眠時間と活動時間とのメリハリをつけるためにも、利用者には毎日着替えをしてもらいましょう。着る服を選べなかったり服装に無関心な場合は、気候や季節を話題にして一緒に選んだり、着替えがむずかしい人には、着脱がかんたんな下着や服に変えたり、できない部分を介助します。着替えたあとには、「お似合いです！」など、褒めるような言葉がけをするとよいでしょう。

利用者の様子	介護者の対応
1 何を着たらよいか迷ってしまう。	1 一緒に服を選ぶことを楽しんだり、いくつかの服を用意して選んでもらう。
2 衣服による体温調整ができない。	2 その日の気候や季節を伝えて、ふさわしい衣服を選べるように準備する。
3 自分で脱ぎ着したいのに、うまくできない。	3 できない部分を手伝う。または着替えやすい服に変える。

No.1 朝の着替えの拒否

『 今日は娘さんがいらっしゃいますから、お好きな服に着替えて迎えませんか？』

×NG 『 寝間着のままで娘さんに会うつもりですか？』

解説 寝間着から着替えたがらない場合は、訪問客やイベントなどのために着替えるように伝えてみましょう。

No.2 夜の着替えの拒否

『 そのまま寝てしまうと、体が休まらないので着替えましょう 』

×NG 『 そのまま寝てください 』

解説 寝間着に着替えずに眠ろうとする利用者には、着替えることで体が休まるメリットを伝えましょう。

No.3 衣服選び①

『 何を着ましょうか。今日は昨日よりも暑くなるようですよ 』

×NG 『 今日は暑いのに、そんな厚着をする必要はないでしょ？』

解説 何を着るかで迷っている場合は、その日の天気や気温、季節について話をし、選ぶきっかけを作りましょう。

No.4 衣服選び②

『 先週着ていたセーターを、みなさんが素敵だと褒めていましたよ 』

×NG『 これでいいじゃないですか 』

解説 ほかの人が褒めてくれたことを覚えておいて、衣服選びのアドバイスにしましょう。

No.5 衣服選び③

（2つのパターンを用意して）
『 どちらにしますか？ 』

×NG『 好きなのを勝手に選んでください 』

解説 いくつかのパターンを準備しておけば、選びやすくなります。ただしパターンを増やし過ぎると、かえって選びにくくなるので注意しましょう。

No.6 ファッションを褒める

『 ○○さんにぴったりの、きれいな色ですね 』

×NG 着替え終わっても無反応

解説 着替えが終わったら、褒め言葉を付け加えましょう。色やデザインが似合っていることを褒めるのがおすすめです。

No.7　着替えの介助①

「 前回はファスナーをおろすところまではお一人
でできたと思いますので、今日もお願いします 」

×NG「 全部私がやります 」

解説 その日の体調や気分を勘案した上で、できるところまで利用者自身でやってもらいます。利用者が一人でどこまでできたかを覚えておくようにしましょう。

No.8　着替えの介助②

「 右足は、こちらに入れてください 」

×NG 言葉がけせずに、ズボンをはかせる

解説 シャツやズボンなど、頭や手足を入れる部分が複数ある衣類は、左右を間違えずに入れるよう言葉がけします。

No.9　着替えの介助③

「 いつもがんばっていますものね。今日はおまけでお手伝いします 」

×NG「 これ以上お手伝いはしません 」

解説 本当は自分でできるにもかかわらず、どうしても手伝ってほしいというときは、強く拒否せずに「今日はおまけですよ」と手伝いましょう。

CHAPTER 5-2 更衣・整容

利用者と信頼関係を築き毎日の口腔内のチェックを

口腔ケア

　歯をきれいに磨ける高齢者は多くありません。歯磨きは、虫歯や歯周病の予防だけでなく、口腔内の雑菌が誤嚥によって肺で引き起こされる誤嚥性肺炎を防ぐこともできます。そのため、介護者は利用者の毎日の口腔ケアを確認する必要がありますが、口の中を見られることが恥ずかしいと感じる利用者が多く、拒否されることもあります。利用者に口腔ケアの重要性を説明しながら、ケアをさせてもらえるようになりましょう。

　また、麻痺や認知症で歯を磨けない利用者も、介護者が口腔ケアをおこないます。しかし、口をすすぐなどの自分でできることはなるべくやってもらいましょう。

利用者の様子	介護者の対応
1 歯をうまく磨けないので、手伝ってほしい。	1 できるところまでは、利用者自身でやってもらう。
2 自分では、きれいに磨けていると思う。	2 自分で歯磨きできたことを尊重しながら、できていない部分を磨く。
3 歯磨きはしたくない。	3 口をすすぐことだけでもうながす。

No.1 口腔ケアを勧める①

「 おいしく食事をするためにも歯は大切ですから、しっかり歯磨きをしましょう 」

×NG「 放っておいたら、虫歯になりますよ 」

解説 利用者に歯の大切さをしっかりと伝え、口腔ケアに毎日取り組んでもらえるようにうながす言葉がけをしましょう。

No.2 口腔ケアを勧める②

「 ご自分でできるところまでは、やってみましょう 」

×NG「 わかりました。私が全部磨きます 」

解説 自分でできるのに「磨いてほしい」と言う利用者もいますが、できる限り自分でできることは自分でやってもらいましょう。

No.3 磨いたことを褒める

「 とてもきれいに磨けていますね 」

×NG「 磨き残しがあるじゃないですか！ 」

解説 磨き残しがあっても、まずは利用者が自分で磨けたことを褒めましょう。そのうえで、磨き残しの介助を介護者がおこないます。

No.4 口腔ケアの介助①

『 仕上げに私が磨かせていただきます 』

×NG 磨き残しを放っておく

解説 利用者が磨いたあとには、介護者が仕上げ磨きをします。無理強いして磨くのではなく、謙虚な気持ちでおこないます。

No.5 口腔ケアの介助②

『 左側だけお手伝いさせていただきます 』

×NG 『 左側が磨けてないですよ 』

解説 「きれいに磨けているから」と仕上げ磨きを拒否されたら、「ここの部分だけは」と磨く部分を指定して、磨かせてもらいましょう。麻痺があり、片側だけ磨けない人もいます。

No.6 口腔ケアの介助③

『 磨き足りない部分があるようなので、お手伝いさせてください 』

×NG 何も言わずに仕上げ磨きをする

解説 仕上げ磨きを嫌がる利用者に対しては「今度はこの部分をより丁寧に磨いてみましょう」と提案してみましょう。

No.7 口腔ケアを自分でできない①

「口を水ですすいでください。これでかなりきれいになりますよ」

×NG 口腔ケアをおこなわない

解説 歯磨きが自分でできず、さらに介護者による口腔ケアを嫌がる利用者には、口をすすぐことだけでもおこなってもらいましょう。

No.8 口腔ケアを自分でできない②

「ここに歯磨き粉をしぼってください」

×NG 歯磨きのすべての作業を介護者がやってしまう

解説 自力で歯磨きができない人でも、歯磨き粉のチューブをしぼることはできるはずです。利用者ができることはなるべくやってもらいましょう。

No.9 口腔ケアを自分でできない③

「磨きにくいところは、このブラシできれいに磨かせていただきます」

×NG 特殊な歯ブラシをいきなり口に入れる

解説 口腔ケアの前には、どのような道具で介助をおこなうのかを説明しましょう。特殊な歯ブラシなどは、事前に確認してもらいます。

CHAPTER 5-3 更衣・整容

身だしなみの必要性を理解してもらう

整容

　利用者の中には、「どうせ誰とも会う予定がないから」と身だしなみに気を使わなくなる人もいます。また、体が自由に動かないことから、身だしなみを面倒に感じる人も少なくありません。しかし身だしなみは、体を清潔に保つことにもつながりますし、生活を送るためには必要なことです。

　身だしなみを介助するときには、「汚い」「みっともない」などの言葉は使わず、「清潔にしましょう」「さっぱりしましょう」といった言葉を使い、身だしなみが利用者にとってよいイメージになるようにします。また、散歩や地域の人々との交流の場を増やすことで、身だしなみを進んでおこなえるような機会を作ることも大切です。

利用者の様子	介護者の対応
1 身だしなみの必要性がわからない。	1 外部の人との交流の場を増やし、身だしなみの必要性を感じてもらう。
2 身だしなみをするのが面倒。	2 洗顔や髪をとかすなど、1日にひとつでも整容に取り組んでもらう。
3 身だしなみをしても意味がない。	3 身だしなみを整えることで、自分自身の気分もよくなることを知ってもらう。

No.1 身だしなみをうながす①

『 今日はボランティアさんがいらっしゃるので、髪をとかしましょうね 』

×NG『 とにかく髪をとかしてください 』

解説 家族の面会や通院など人と会うことをきっかけにし、身だしなみの必要性を伝えましょう。

No.2 身だしなみをうながす②

『 顔を洗ったら、今日は口紅を塗ってみましょうか 』

×NG『 顔を洗わないと汚いですよ 』

解説 身だしなみをしたあとに「ご褒美」の行為をプラスしましょう。「きれいにして褒めてもらいましょう」などと伝えます。

No.3 身だしなみを褒める

『 男前が上がりましたね 』

×NG 利用者が身だしなみを整えても無関心

解説 利用者が身だしなみを整えたら、必ず褒めるようにしましょう。女性には「いつもより美人ですよ」などと褒めましょう。

Column 6 話の切り口素材集

年代別の出来事・話題⑥
1970年代(昭和45年～昭和54年)

出来事

日本万国博覧会(大阪万博)
1970(昭和45)年10月に大阪で開催された万国博覧会。アポロ12号が持ち帰った「月の石」が展示され、話題に。岡本太郎の「太陽の塔」は、現在でも万博記念公園にある。

沖縄返還
終戦後、沖縄はアメリカの施政権下にあったが、1971(昭和46)年に調印された沖縄返還協定で日本への返還が約束され、1972(昭和47)年5月15日に返還された。

札幌オリンピック
1972(昭和47)年に札幌で開催された、冬季オリンピック。スキージャンプ70m級(現在のノーマルヒル)では1～3位を日本人選手が独占し、「日の丸飛行隊」と呼ばれた。

話題

田中角栄
1972(昭和47)年に第64代内閣総理大臣に就任。中国との国交正常化に尽力し、「日本列島改造論」を唱えて、日本の交通網を整備した。実行力と知力を兼ね備えた政治家として、人気があった。

長嶋茂雄
チャンスに強いバッティングをはじめ魅力あふれるプレイで読売ジャイアンツの4番打者として活躍し、多くのファンに愛されたプロ野球選手。1974(昭和49)年に現役を引退した。

CHAPTER 6

排泄

1日の中でもっとも介助する回数が多く、
介助の仕方次第では
利用者の心を傷つけてしまうのが排泄です。
配慮を心がけた言葉がけをおこないましょう。

CHAPTER 6-1 排泄

利用者の恥ずかしさを理解し
デリケートな介助を

トイレに誘導する

　排泄はとてもプライベートな行為ですので、トイレに行きたいのに恥ずかしくて言い出せなかったり、介護者に汚い仕事を頼んでもよいものかと考えてしまったり、排泄自体をがまんしてしまう利用者が多くいます。そのため、利用者の気持ちを配慮したデリケートな介助をおこなう必要があります。

　トイレに誘導する場合は、まわりの人に聞こえる声ではなく、「トイレに行きましょう」と耳打ちしたり、「食事の前にはトイレを済ませましょう」ときっかけを作ってスムーズにトイレに誘うようにしましょう。また、失禁などの排泄の失敗を防ぐためには、利用者の排泄時間を把握しておくことも大切です。

利用者の様子	介護者の対応
1 トイレに行きたいが、恥ずかしくて言えない。	1 利用者の気持ちを考え、目立たないようにトイレに誘う。
2 トイレに行くタイミングがよくわからない。	2 食事や散歩の前などをきっかけに、トイレに誘導する。
3 忙しそうな介護者に、汚い仕事を頼んでよいか迷っている。	3 どんな仕事よりも、生理現象である排泄介助を優先する。

No.1 （耳打ちで）トイレへ誘導①

『そろそろトイレに行きませんか？』

×NG（大きな声で）『トイレに行く時間ですよ』

解説 利用者が恥ずかしさを感じないように、まわりに聞こえるような大きな声ではなく耳元で伝えましょう。

No.2 （耳打ちで）トイレへ誘導②

『トイレが空いているようなので、行ってみませんか？』

×NG『さっさとトイレに行きましょう』

解説 きっかけでトイレに誘導する言葉がけです。利用者が拒否した場合は、無理に誘わず様子を見ます。

No.3 トイレへ誘導

（もぞもぞしている利用者に）『体調はいかがですか？』

×NG『トイレに行きたいのならば、そう言ってください』

解説 トイレに行きたいのに言い出せずにいる利用者は多くいます。尿意を感じてもぞもぞしている利用者には、体調を尋ねる形で問いかけましょう。

CHAPTER 6-2 排泄

利用者が求める部分を把握し無理やり介助はしない

トイレに入っているとき

　利用者が排泄をしているときの介助で大切なのは、「どこまで手伝えばよいか」「どんなことを介助されたくないか」を把握することです。排泄を「見られたくない」「触れられたくない」という利用者の気持ちを理解して、利用者が求める部分だけを介助し、できることは自分でやってもらうようにします。

　ただし、陰部洗浄を拒否されたときなど、介助しなければ衛生的に問題がある場合については、無理に介助することはせず、病気を防ぐために必要な介助であることを説明し、理解してもらいましょう。そのうえで、「お手伝いさせていただきます」と介助を始め、すみやかに終えるようにします。

利用者の様子	介護者の対応
1 恥ずかしい、見られたくない。	1 利用者の羞恥心を理解し、最低限の介助にとどめる。
2 人に排泄介助されるのが嫌だ。	2 介助のメリットを伝える。
3 排泄介助をしてもらうことに申し訳なさを感じる。	3 排泄介助は介護者の大切な仕事であることを示す。

No.1 排泄介助①

『 終わったら、声をかけてください 』

×NG (ドアをノックして)『 ○○さん、まだですか？ 』

解説 利用者の排泄中は介護者はトイレの外で待機し、利用者がゆっくり排泄できるようにします。終わったら利用者に教えてもらうようにします。

No.2 排泄介助②

『 お嫌でしょうけれど、少しだけお手伝いさせてください 』

×NG 『 汚いから、私がやりますよ 』

解説 排泄介助をおこなう必要がある場合、「お嫌でしょうけど」とひと言添えることで、利用者の気持ちを配慮していることが伝わります。

No.3 トイレが終わったら

『 またトイレに行きたくなったら、遠慮なく声をかけてください 』

×NG 『 さっきもトイレに行ったじゃないですか 』

解説 トイレの介助を申し訳ないと思っている利用者には、いつでも遠慮なく頼ってほしいことを伝えましょう。

CHAPTER 6-3 排泄

失禁

自尊心を守る言葉がけを配慮する

利用者がトイレのタイミングを逃してしまうと、失禁につながる場合が多くあります。失禁は利用者の自尊心を傷つけ、日常生活全般にも自信を失ってしまいます。

失禁してしまった利用者には、「誰にでもあることですよ」と落ち込まないように安心させる言葉がけをして、すみやかに着衣の交換をおこないましょう。人前で利用者の失禁に気づいたときには、失禁のことは口にせず、「お茶をこぼしてしまいました」と着替えに誘います。また、失禁を心配して水分の摂取を控えてしまう利用者もいますが、水分不足はさまざまな病気を引き起こす原因にもなりますので、適度な水分摂取をうながすようにしましょう。

利用者の様子	介護者の対応
1 トイレに間に合わなかった。	1 ほかの利用者に気づかれる前に、すみやかに着衣の交換をする。
2 失禁したことで落ち込んでいる。	2 失禁は誰でもしてしまうことだと伝える。
3 必要以上に失禁を心配してしまう。	3 パッドの使用を提案してみる。

No.1 失禁に気づいたとき①

『 ○○さん、あちらに行きましょう 』

×NG『 漏れてますよ 』

解説 失禁に気づいたら、すみやかに着衣を交換する必要があります。失禁が理由であることは告げずに、まずはその場から誘い出します。

No.2 失禁に気づいたとき②

『 ちょっと取り換えましょうか 』

×NG『 お漏らししてるので、着替えましょう 』

解説 失禁したことで利用者はとても傷ついていますので、「失禁」「お漏らし」などの直接的な言葉は使わずに、着替えに誘導しましょう。

No.3 失禁に気づいたとき③

『 あら、お茶をこぼしたみたいですね。着替えてきましょうか 』

×NG『 ○○さん、漏らしてるじゃないですか！ 』

解説 人前で利用者の失禁に気づいたら、「お茶をこぼした」などとその場をごまかして、失禁がほかの人に気づかれないように着替えに誘導します。

No.4 失禁の始末

「 お手伝いをさせていただきますので、きれいにしましょうね 」

×NG「 漏らしたのだから、着替えてください 」

解説 失禁で落ち込んでいる利用者には、失禁の事実を口にはせず、「きれいにしましょう」と着替えることに集中してもらいましょう。

No.5 謝る利用者に対して①

「 私たちの仕事ですから大丈夫ですよ 」

×NG「 申し訳ないと思っているなら、もうしないでください 」

解説 失禁の始末をさせてしまったことを申し訳ないと思っている利用者には、介護者として当然の仕事をしていることを伝えましょう。

No.6 謝る利用者に対して②

「 ○○さんにすっきりしたと感じてもらえたら、うれしいです 」

×NG「 これ以上、面倒なことは起こさないでください 」

解説 介護者の仕事は利用者に心地よく生活してもらう手助けをすることなので、頼りにしてほしいことを伝えましょう。

No.7 落ち込む利用者に対して①

> 『 どなたにもあることですよ。気になさらないでください 』

×NG『 年をとっているんだから、仕方ないじゃないですか 』

解説 失禁は高齢者にとってはよくあることです。その事実を伝えて、気にせずに生活してもらえるように言葉がけをしましょう。

No.8 落ち込む利用者に対して②

> 『 恥ずかしいことではありませんよ。それより早くきれいにしましょうね 』

×NG『 年をとるって大変ですね 』

解説 多くの高齢者が失禁を経験するので、長生きしたからこそ失禁してしまうのだと、利用者にポジティブにとらえてもらいましょう。

No.9 落ち込む利用者に対して③

> 『 長生きすると、調子の悪いところも出てくるものです。それと上手に付き合っていきましょう 』

×NG『 おむつをつけたらどうですか？ 』

解説 失禁を高齢者としては仕方のないことであると利用者に理解してもらい、工夫しながら快適に暮らすことを提案しましょう。

CHAPTER 6-4 排泄

直接的な言葉は使わず
快適な状態を保つ

おむつ

　おむつ介助にはトイレでの介助以上に羞恥心を感じるものです。おむつをすることに恥ずかしさを感じている利用者が多いので、交換の介助をおこなうときには「おむつを替えます」といった直接的な言葉は用いず、「きれいにさせていただきます」と、利用者の自尊心を傷つけない言い方をしましょう。

　おむつの交換は利用者の排泄間隔を確認しておき、タイミングよくおこない、おむつが濡れ続ける状態にならないようにします。利用者の中には、おむつ交換を申し訳ないと思い、濡れたことを言わない人もいますので、介護者が適切なタイミングで「きれいにさせてくださいね」と言葉がけして、交換するようにしましょう。

利用者の様子	介護者の対応
1 おむつを使用していることが恥ずかしい。	1 言葉がけでは「おむつ」という表現は用いない。
2 恥ずかしさから、おむつを交換してほしいと言い出せない。	2 適切なタイミングで言葉がけして、交換する。
3 おむつを使いたがらない。	3 おむつの使用が悪いことではないと伝え、体調回復などのタイミングでおむつを外すことを提案する。

No.1　おむつ交換

「きれいにさせていただいてもよろしいですか？」

×NG「おむつを替えます」

解説 おむつを使うことを恥ずかしいと感じている利用者は多いので、「おむつ」という直接的な言葉は使わないようにしましょう。

No.2　おむつ交換のあとで

「気持ち悪いところがありましたら、遠慮なくおっしゃってください」

×NG（不快そうに）「あー、やっと終わりました」

解説 おむつの交換が終わったら、次回の交換につながる言葉がけをします。汚れたら遠慮なく交換を申し出てもらえるようにうながします。

No.3　おむつを使いたくない利用者に

「元気になったら、トイレを使いましょうね」

×NG「おむつでも仕方ないじゃないですか」

解説 おむつに対して拒否感が強い利用者には、「体調がよくなるまで」などの条件を提示して、おむつを使用してもらいましょう。

Column 7 話の切り口素材集

年代別の出来事・話題⑦
1980年代（昭和55年〜昭和64年・平成元年）

出来事

ベルリンの壁崩壊
第二次世界大戦後、東西に分断されていたドイツのベルリンで、西ベルリンを囲むように構築されていた壁が、1989年に旧東ドイツで出国の自由化が発表されると、東西の市民によって壊された。

大韓航空機撃墜事件
1983年9月1日、大韓航空のボーイング747がソ連の領空を侵犯したことで、ソ連防空軍の戦闘機により撃墜された事件。乗員・乗客269人全員が死亡した。

バブル景気
1986（昭和61）年12月〜1991（平成3）年2月に日本で起こった、資産価格の上昇や好景気。民間銀行などが過剰な資金供給をおこない、バブル崩壊後の不良債権につながった。

話題

竹の子族
1980年代前半に東京・原宿の代々木公園横の歩行者天国で、独特の衣装でディスコミュージックに合わせて踊った若者たちの総称。

王貞治
一本足打法で通算本塁打数の世界記録（868本）を樹立したプロ野球選手で、最初の国民栄誉賞受賞者でもある。1980（昭和55）年に現役を引退。

CHAPTER

7

レクリエーション

レクリエーションは利用者の楽しみのひとつですが、
多くの利用者がかかわるため、トラブルが多いものです。
どんな利用者でも気軽に参加して、
スムーズにレクリエーションを進められるように、
言葉がけを工夫しましょう。

CHAPTER 7-1 レクリエーション

利用者に合った誘い方をして多くの人に参加してもらう

レクリエーションに誘導する

利用者は、レクリエーションに対してさまざまな気持ちを抱えています。積極的に参加する人、いつも参加しない人、レクリエーションの内容によっては参加する人、参加したいと思っているにもかかわらず集団の中に入れない人など、利用者のタイプに合わせた誘導の言葉がけをおこなうことが大切です。

また、いつも参加しないからといって、特定の人に誘いの言葉をかけないようなことはしてはいけません。すべての利用者を誘い、「いつでも参加してください」という参加を迷っている人でも参加しやすい雰囲気を作りましょう。一方、参加を拒否する人には無理強いせず、利用者の気持ちを大切にしましょう。

利用者の様子	介護者の対応
1 参加したいけれど、みんなの輪の中に入れるかが不安。	1 「参加してくれるとうれしい」という雰囲気を作る。
2 やりたくないことや、失敗しそうなことをやらされることが嫌。	2 どんなことをするのかを説明し、失敗しても問題ないことを伝える。
3 一人で過ごしたい。	3 参加を無理強いせず、利用者の好きなことをして過ごしてもらう。

No.1 レクリエーションに誘う①

『 よろしかったら、こちらに参加していただけませんか？ 』

×NG 『 絶対に参加してください 』

解説 レクリエーションについては、利用者が自主的に参加したくなるような雰囲気を作ることが大切です。できる範囲での参加をうながしましょう。

No.2 レクリエーションに誘う②

『 ご興味ありましたら、こちらはいかがですか？ 』

×NG 『 みんなやるんだから、やりましょうよ 』

解説 レクリエーションには強制的に誘わず、「こんなことをやるんです」と利用者が興味をもてるような内容の説明をしましょう。

No.3 レクリエーションに誘う③

『 お昼ごはんをたくさん食べましたので、少し体を動かしませんか？ 』

×NG 『 体を動かさないと、ボケちゃいますよ 』

解説 レクリエーションに参加することのメリットを伝えましょう。反対に、参加しないことのデメリットを伝えるのは、脅かしになるのでNGです。

No.4　レクリエーションに誘う④

> 『 あちらが賑やかですね。行ってみましょう 』

×NG　（無理やり腕を引っ張って）『 ほら、行きましょう 』

解説　レクリエーションに参加したそうにしている利用者には、「一緒に行きましょう」と誘ってみましょう。

No.5　レクリエーションに誘う⑤

> 『 メンバーが足りないので、参加していただけませんか？ 』

×NG　『 見てるだけで楽しいですか？ 』

解説　うまくできるか不安で参加できないでいる利用者には、「見てるだけでも」「座っているだけでも」と参加をうながしましょう。

No.6　レクリエーションに誘う⑥

> 『 途中で抜けても大丈夫ですよ 』

×NG　『 最後まで参加してくださいね 』

解説　レクリエーションを途中でつまらないと感じたり、失敗したらと不安を感じている利用者には、気軽に参加できることを伝えましょう。

No.7 役割を分担する

『 今日のレクリエーションで、選手宣誓をしていただけませんか？ 』

×NG『 何もせず、座っていればいいんです 』

解説 人前に出るのが好きな利用者には、選手宣誓や審判など役割をお願いすることで、よろこんで参加してくれる方がいます。

No.8 参加しない人に対して①

『 わかりました。ゆっくりとお過ごしくださいね 』

×NG『 そんなわがままを言わないでください 』

解説 レクリエーションへの参加は決して無理強いすることなく、利用者の自主性を大切にしましょう。

No.9 参加しない人に対して②

『 それでは何かお持ちしましょうか？ 』

×NG 放っておく

解説 レクリエーションに参加しない利用者には、新聞や雑誌、書籍など、その人が楽しめるものを用意するようにします。

CHAPTER 7-2 レクリエーション

わかりやすい説明と褒める・励ますを徹底する

活動中

　参加者にレクリエーションを楽しんでもらうには、レクリエーションをはじめるときにどんなことをするのかをわかりやすく伝えなくてはなりません。特にゲームをする場合、ルールを理解してもらえなければ、ゲーム開始後に「難しい」と感じてやめてしまったり、ルールを無視する利用者がほかの利用者とトラブルになる……といったことが起こりかねません。

　また、レクリエーション中はうまくできた人を褒めるのはもちろん、うまくできなかった人には「うまくできなくても大丈夫」「次はがんばりましょう」などと言葉がけをして、何度もチャレンジする気持ちを持ってもらうことを大切にしましょう。

利用者の様子	介護者の対応
1 ルールがよくわからない。	1 ゲーム開始前に、わかりやすくルールを説明したり、手本を見せる。
2 うまくいってうれしい。失敗してくやしい。	2 うまくできたら褒めて、失敗しても励ます。
3 どうしてこんなことをしなくてはならないのか疑問に思う。	3 レクリエーションをすることのメリットを伝える。

No.1 利用者を褒める

『 さすがですね！ 昔されていたことは聞いていましたが、本当にお上手です 』

×NG『 すごーい 』

解説 褒めるときは子ども扱いするような物言いはせず、「さすがです」「お上手です」などの敬いを含ませましょう。

No.2 不安そうな利用者に対して

『 私も久しぶりなので心配なのです。一度練習してみますね 』

×NG『 ルールを説明したんだから、できますよね？ 』

解説 ルールの説明をあまり理解できずに不安を感じているようであれば、利用者に説明が行き届いているかを、練習して確認するための言葉がけです。

No.3 途中参加した利用者に

『 お待ちしてました！ 』

×NG『 どうして最初から参加しなかったんです？ 』

解説 どんなタイミングであれ、利用者が参加してくれるのはうれしいことです。参加を待っていたことを伝え、ルールを改めて説明しましょう。

No.4 見ているだけの利用者に対して

『応援をよろしくお願いします!』

×NG 『見ているだけでは楽しくないでしょ?』

解説　座っているだけの利用者に「そこから見えますか?」と確認したうえで、応援の参加をお願いしてみます。

No.5 勝負にこだわる利用者に対して

『勝ち負けよりも、最後までがんばりましょうね』

×NG 『勝っても負けても騒がないでくださいよ』

解説　レクリエーションは勝敗などの「結果」よりも、体を動かしたり、みんなで協力する「過程」を楽しむものであることを伝えましょう。

No.6 負けてくやしがる利用者に対して①

『惜しかったですね。今度はがんばりましょう!』

×NG 『負けたんだから仕方ないですよ』

解説　利用者のくやしがる思いを受け止めつつ、次回も参加することをうながしましょう。

No.7 負けてくやしがる利用者に対して②

「勝負は時の運といいますから、この次はきっと勝てますよ」

×NG「弱いから負けたんですよ」

解説 ゲームなどの場合、勝敗は運次第で決まることもあります。そのことを伝えたうえで、もう一度チャレンジしてもらいましょう。

No.8 参加をうながすきっかけ作り

「この体操で、腰の筋肉を鍛えることができるんですよ」

×NG「とにかくこの体操をやればいいんです」

解説 「こんなことはやりたくない」と言う利用者には、得られるメリットを説明し、きっかけを作りましょう。

No.9 テーマを変える

「ゲームはこのくらいにして次はお話し会をしましょう」

×NG 無理やりゲームを続ける

解説 同じプログラムを続けていると、集中力がなくなり飽きてしまう利用者が増えます。無理に同じプログラムを続けず、別のテーマに切り替えましょう。

CHAPTER 7-3 レクリエーション

個人攻撃にならないように
その場をなごませる

活動中のトラブル

　レクリエーションの最中には、さまざまなトラブルが発生するものです。特に多いのが、「あの人がズルをした」「あの人のせいで負けた」などの、個人を問い詰めるようなトラブルです。

　まずは個人攻撃にならないように、問い詰めている人をなだめましょう。そのうえで、ルール違反や勝敗について、その場をなごませながら言葉がけをすることが大切です。それによって、問い詰められた人が引き続きレクリエーションに参加できる雰囲気を作ることができます。

　また、レクリエーションで「あの人と一緒は嫌」といった申し出があった場合は、座席やグループ分けで配慮します。

利用者の様子	介護者の対応
1 なぜみんなから責められているのかわからない。	1 ルールを正しく説明できていなかったことを謝罪する。
2 ルール違反をする人を許せない。	2 意図的なルール違反ではないことを説明する。
3 特定の人と一緒にゲームをしたくない。	3 グループ分けや席取りなどで配慮する。

No.1 勝ち負けのトラブル

『 仕切り直しましょう。今度はグループを変えてやりますよ 』

×NG『 負けたことは認めてください 』

解説 勝敗の判定で不機嫌になっている利用者がいる場合には、その場を仕切り直し、新たな気持ちでもう一度ゲームに取り組んでもらいます。

No.2 ルールを守らない①

『 説明が下手で申し訳ありません 』

×NG『 ルールを守ってください 』

解説 ルールを理解できていないためにルールを守れない利用者もいます。まずはこちらの説明が足りなかったことを謝罪しましょう。

No.3 ルールを守らない②

『 ○○さん、ルールを説明しますね 』

×NG『 ルールの説明を聞いていなかったんですか？ 』

解説 ルールを無視してゲームを進めようとする利用者には、改めてルールを説明して、理解してもらいましょう。

No.4 個人攻撃への対応①

> 『一生懸命やった結果ですから、許してあげてください』

×NG『そんなに怒らなくてもいいじゃないですか』

解説 個人の失敗を責めるような声は聞き逃さずに仲裁し、みんなが気持ちよく参加できる雰囲気を作りましょう。

No.5 個人攻撃への対応②

> 『ごめんなさい。間違えてしまったみたいです。仕切り直しますね』

×NG『これぐらいのこと、許してあげてくださいよ』

解説 ルールを理解できない人に「ズルしている」などの批判には、「ズルではなく間違えただけ」と説明しましょう。

No.6 個人攻撃への対応③

> 『間違えてしまった○○さんが名誉挽回します。応援してくださいね!』

×NG『○○さん、もうズルしないでくださいね』

解説 ルール違反や失敗について責められた人をあえて目立たせて、名誉を回復する機会を作ることも大切です。

No.7 個人攻撃への対応④

『いつもより張り切ってしまったようですね。私の応援がよかったからかな？』

×NG『どうしてそんなことしたんですか？』

解説 ルール違反などを「うっかりやってしまった」ということにして、その理由を介護者の応援のせいにすることで場をなごませます。

No.8 「あの人の隣は嫌だ」と言う利用者に

『では、こちらに座りませんか？』

×NG『我慢して座っていてください』

解説 特定の個人とのかかわりを避けたい利用者の希望は聞くようにしましょう。無理やり仲良くさせる必要はありません。

ポイント解説

負けると不機嫌になる人には偶然性のあるゲームを提供

サイコロやじゃんけん、ビンゴ、すごろく等は、運が左右するゲームです。勝っても運がよかった、負けたら運が悪かった、と運のせいにすることができます。

Column 8 尾渡先生に質問①

Q 夜勤の就寝介助で、なかなか寝てくれない利用者がいて大変です。
医師に睡眠薬の処方をお願いしてもよいでしょうか？

A まずは生活リズムを見直し、1日の活動量を増やしてみましょう

　眠れないことは、利用者本人にとっても、介護者にとってもつらいものです。だからこそ睡眠薬の処方を……と考えたくもなりますが、実は寝つきの悪さの大きな原因として、生活リズムの乱れが考えられます。

　なかなか起きないからといって遅くまで寝かせたり、昼寝の時間を長くしたりすると、利用者の生活リズムが乱れ、自律神経、体内ホルモンの分泌にまで影響を与え、体調を悪化させ、日中の活動量を減少させることにもつながります。施設の中で意識して体を動かす機会を作らないと、利用者の活動量はどんどん少なくなります。1日中座り続け、何もすることがなくぼーっとしていては、夜によく眠れるはずもありません。

　活動量の減少を防ぐためにも、私は研修ではいつも「1日に2度（午前と午後）、体を動かすことや、みんなで笑い合えるレクリエーションの時間は大切」と話しています。特に午前中や午後の早めの時間に体を動かすことは、生活のリズムを整えることにとても役立ちます。「今日は面白かった！　よく笑った！　だから今夜は疲れてよく眠れそう」なんて言葉が利用者から聞こえてくるように、私たち介護者が努力しましょう。

CHAPTER

8

送迎・外出

送り迎えのときには、
利用者が気分よく施設を利用できるような
言葉がけをしたいものです。
通院などの外出時には、安全面に配慮しながら、
外出を楽しめるような言葉がけをしましょう。

CHAPTER 8-1 送迎・外出

明るい態度で接し
気持ちよく外出してもらう

自宅に迎えに行く

　在宅のデイサービスの利用者には、送迎車で自宅まで迎えに行くことが多いです。気持ちよく自主的に家から出てきてもらえるように、明るい笑顔と声で対応しましょう。

　まず「おはようございます。△△ケアセンターの○○です」と名乗り、ご家族に「何かお変わりはございませんか？」と尋ね、そして利用者本人には「顔色がよろしいですね」「よくお休みになられましたか？」など、利用者の体調や様子に気を配る言葉がけをします。ただし、ほかの利用者を待たせているので、会話の内容は天気の話や帰りの時間、帰宅時にご家族は在宅しているかなど、時間のかからない最小限の情報交換にとどめます。

利用者の様子	介護者の対応
1 何をしに来た人なのかがわからない。	1 デイサービスの実施のために、迎えに来たことを説明する。
2 初対面、または久しぶりに会った人なので、うまく話せるか不安。	2 「何でも聞いてください」など不安を払拭する言葉がけをする。
3 昨日熱があったので心配。	3 昨日の様子などを確認し、健康状態を把握する。

No.1 迎えのあいさつ①

『 お迎えに参りました。よろしくお願いします 』

[×NG]『 迎えにきました 』

解説　自分が所属する施設名と名前を名乗ったあとで、利用者を迎えに来たことを告げます。堅苦しくならない程度に、正しい敬語で話しましょう。

No.2 迎えのあいさつ②

『 おはようございます。お元気でいらっしゃいましたか？ 』

[×NG]『 あら、おはようございます 』

解説　利用者に「お元気でしたか？」「体調はいかがですか？」など、会ってなかった間のことを尋ねましょう。

No.3 帰りの時間を確認する

（ご家族に）
『 体調にお変わりはありませんか？ 』

[×NG] 利用者の体調を確認しない

解説　ご家族に、昨晩から朝までの利用者の体調を確認するようにしましょう。何か問題があった場合は、職員間で情報共有をします。

CHAPTER 8-2 送迎・外出

安全・スムーズに乗車してもらい車内でさまざまな話をする

送迎車に乗る

　利用者に送迎車へ乗車してもらうときには、安全・スムーズに乗車できるよう利用者が座る座席を説明し、シートベルトを着用していただきます。「行きたくない」と乗車を嫌がる場合は、前回、不愉快なことがあったどうかを、利用者に確認しましょう。

　乗車中は、退屈せずに時間を過ごせるように利用者と接しましょう。天気や季節のこと、デイサービスのプログラムなど多くの話題を盛り込むことで、利用者の気持ちや意外な一面を知ることもできます。また、その会話を通して、利用者の聴力や理解力をチェックすることもできます。もちろん、あまり会話をしたがらない利用者もいます。おしゃべりを楽しむか、静かに窓の外の景色を楽しむかなど、臨機応変な対応をしましょう。

利用者の様子	介護者の対応
1 どうして車に乗らなくてはいけないのかわからない。（認知症の利用者）	1 デイサービスに行くために車に乗ることを伝える。
2 車に乗りたくない。	2 どうして乗りたくないのかを尋ねる。
3 車内でじっとしているのは退屈だ。	3 車内ではさまざまな話題を盛り込んだ話をする。

No.1 乗車を嫌がる

「 **申し訳ありませんが、私と一緒に乗っていただけませんか？** 」

×NG 「 いいから乗ってください 」

解説 どうしても行きたくない理由がある場合は、他の利用者を先に乗せて、最後にもう一度迎えに行くようにします。

No.2 車内での会話①

「 **桜が満開になりましたね。○○さんはお花見に行かれましたか？** 」

×NG 無言のまま車内で過ごす

解説 天気や季節の話題は、どんな利用者でも答えやすいものです。利用者の理解度を確認するためにも、たくさんの会話をしましょう。

No.3 車内での会話②

「 **お昼ごはんは何でしょうね。○○さんのお好きな食べ物は何ですか？** 」

×NG 「 今日は○○をします 」と一方的に話す

解説 その日のデイサービスの内容を話題にした場合、一方的な会話にならないように、「お得意ですか？」「お好きですか？」などと尋ねるようにしましょう。

CHAPTER 8-3 送迎・外出

笑顔で歓迎の気持ちを示し
ひと言添えながら対応する

施設での出迎え

　送迎車が施設に到着したら、利用者の安全に気をくばりながら降車してもらい、施設に入ります。施設では、利用者を明るい笑顔で出迎えましょう。「○○さん、お待ちしてました」と名前とともに歓迎の気持ちを伝えます。その際には、顔色や服装などに関しての褒め言葉を付け加えるようにして、利用者の緊張を解きほぐします。また、利用者の家族から「昨夜眠っていない」「朝からふらつきが」などの連絡を受けたときは、必ず事前に職員間で情報共有をしておきましょう。そして、施設に到着したときには、車酔いや失禁をしていないか、歩行は安定しているか、うつ状態ではないかなど、利用者の様子を観察しましょう。

利用者の様子	介護者の対応
1 施設がどんな場所なのか不安。	1 明るい笑顔と、やさしい言葉がけで出迎える。
2 久しぶりに行くので、みんなに忘れられているかもしれないという不安。	2 「お久しぶりです」など、以前会っていることがわかる言葉がけで、不安を払拭させる。
3 ここで何をするのかが理解できない。	3 到着時に、1日のスケジュールを説明する。

No.1 出迎え①

『〇〇さん、お待ちしてました』

×NG『いらっしゃいませ』

解説 必ず利用者の名前を呼び、「お待ちしてました」「ようこそ」といった歓迎の気持ちを言葉で伝えましょう。

No.2 出迎え②

『〇〇さん、お久しぶりです！ 以前よりお元気そうですね』

×NG『どうしてずっと来なかったんですか？』

解説 久しぶりに来訪した利用者には、介護者たちが以前利用したときを覚えていることを伝え、安心させましょう。

No.3 出迎え③

『今日のお洋服は娘さんのお見立てですか？ とてもお似合いです』

×NG 利用者の様子に無関心

解説 利用者を出迎えたら、健康状態や服装などを褒め、利用者に関心があることを伝えます。

CHAPTER **8-4** 送迎・外出

来てくれたことへの感謝と
また来てほしいことを伝える

見送り

　デイサービスを終えて、自宅に戻る利用者を見送るときには、利用者に今日1日が楽しかったという意識をもってもらうことが大切です。そのためには、利用者が今日来てくれたことへの感謝と、また来てほしいという気持ちをこめた言葉がけをおこないましょう。また、帰り際の利用者の表情から、楽しく過ごすことができたかどうかを確認することも大切です。もし、何か不満がある様子であれば、その原因が何かを探り、解決しておく必要があります。

　送迎車で自宅にお送りしたら、ご家族に1日の報告をしますが、失禁など利用者のプライドを傷つけてしまうようなことは、利用者の前では決して言わず、プラスの報告のみに留めましょう。本人に聞かれたくない話は電話で話すようにします。

利用者の様子		介護者の対応
1 お世話になったが、迷惑ではなかっただろうか。	→	1 また来てほしいという気持ちを伝える。
2 歌を褒められてうれしかった。	→	2 また歌を聞かせてほしいことを伝える。
3 次はいつ来ればいいのだろう。	→	3 次回の訪問日を伝え、その日に何をするのかを話す。

No.1 利用者を見送る①

『 ○○さん、また来てくださいね。楽しみに待ってますよ！ 』

×NG 『 さようなら 』

解説 利用者を見送るときには、ただ「さようなら」と告げるだけでなく、次回の来訪を待っている気持ちも伝えましょう。

No.2 利用者を見送る②

『 今日は楽しかったですね。また歌を聞かせてください 』

×NG 見送り時にその日のことを話題にしない

解説 レクリエーションで、利用者が楽しく過ごしたことを思い出してもらい「またやりましょう」と伝え、次回の来訪につなげます。

No.3 利用者を見送る③

『 今度は3日後の○日ですね。お天気がよかったらお散歩しましょう 』

×NG 『 またいつか来てください 』

解説 次回のサービス利用の日と、その日の予定を伝え、利用者が来たくなるような言葉がけをします。

CHAPTER 8-5
送迎・外出

天気や植物などを話題にして
短時間でも外に出てもらう

外出

　入所施設などでは高齢になると足腰が弱るせいもあって、外出が減ってしまいます。しかし、動かないでいるとさらに足腰が弱ったり、外部の人とのふれあいが減って、身だしなみなどに気を使わなくなってしまうこともあります。天気のよい日には「散歩に行きましょう」と誘い出したり、「桜が咲いてますよ」などと植物を見ることをきっかけにして、短時間でも外出する機会を作りましょう。

　一方、通院に付き添うときには、利用者が抱く検査結果などへの不安を取り除くような言葉がけをしましょう。特に検査結果がよくなかった場合には、「今度はよくなりますよ」「またがんばりましょうね」などの前向きになれる言葉がけが必要です。

利用者の様子	介護者の対応
1 外に出るのが面倒だ。	1 天気や植物を話題にして、散歩に誘導する。
2 外出したいけど、職員さんが忙しそうだ。	2 手の空いた時間に散歩に行くことを伝える。
3 病院に行って、検査結果を聞くのが怖い。	3 不安を取り除くような言葉がけをする。

No.1 散歩に誘う①

『今日は少し外を歩いてみませんか？』

×NG『散歩に行きますよ』

解説 外出に誘うときは、「行きますよ」と強制するのではなく、「歩いてみませんか？」と利用者を誘う言葉がけをしましょう。

No.2 散歩に誘う②

『公園のあじさいがきれいですよ。歩いて見に行ってみませんか？』

×NG 気候や季節のことに触れず、散歩に誘う

解説 散歩に誘うときには、「よい天気だから」「花が咲いているから」などの気候や季節にまつわる言葉を加えて、散歩への動機づけにしましょう。

No.3 外出の準備①

『今日は肌寒くなるようですので、上着を持って行きましょう』

×NG『服は自分で選んでください』

解説 外出をすることが少ない利用者の場合、気候を把握できていないことが多くあります。準備のときには今日の気候を伝えて、服装のアドバイスをしましょう。

No.4 外出の準備②

「車イスを持って行きますから、疲れたら声をかけてくださいね」

×NG 利用者が「疲れた」と言い出すまで何もしない

解説 足腰が弱っている利用者は、「長時間歩けるだろうか」と不安に思っています。車イスを準備していることを伝え、安心してもらいましょう。

No.5 見送る

「いってらっしゃい。あとでお話を聞かせてくださいね」

×NG 特に見送りをしない

解説 外出する利用者には、「外出先ではいいことがある」と思わせるような言葉がけをしましょう。

No.6 通院

「私も一緒に病院に行きますので、安心してください」

×NG「そんなに不安がらなくてもいいですよ」

解説 病院で検査結果を聞く場合など、特に利用者は不安を感じているものです。少しでも安心してもらえるような言葉がけをしましょう。

No.7 通院(検査結果がよかった場合)

> 「よかったですね。食事制限をがんばっていましたものね」

×NG「がんばっていたので、当然ですよね」

解説 検査結果がよかったときには、一緒によろこびましょう。その後、利用者の努力を具体的に褒めます。

No.8 通院(検査結果がよくなかった場合)

> 「残念でしたね。でも、次回にはきっとよくなっていますよ」

×NG「落ち込まないでください」

解説 検査結果がよくなくて利用者が落ち込むのは当然です。今度はよい結果が出るようにと、少ない言葉でもはっきりと励ましましょう。

ポイント解説

杖の状態を事前確認して、安全な歩行を確保

歩くときに利用者が杖を使用する場合は、安全に歩行をするために、杖の状態確認をおこないましょう。杖の高さが利用者に合っているか、ぐらついていないか、パッド部分がすり減っていないかなどを確認します。また、利用者が杖をついたときに、正しく持てているかどうかにも気を配りましょう。

Column 9 尾渡先生に質問②

Q 利用者が、なかなか施設の人たちと打ち解けてくれません。いつも「家に帰りたい」と言うので、困っています。

A その人らしい生活を送れるような支援を

新しい環境に順応しやすい人は、施設での新しい生活を受け入れてくれますが、そういう人ばかりではありません。特に認知症の人は、生活習慣の変化に適応できず、認知症が進行したり、うつ状態になったりすることも多くあります。

慣れない施設で暮らす利用者のケアを成り立たせるためには、しっかりと信頼関係を結ぶことが大事です。笑顔で接してあいさつをするところからはじめ、顔だけでも覚えてもらうように努力しましょう。認知症で記憶障害がある人にも「この人なら安心できる」というイメージで覚えてもらい、不安や孤立感を抱かせないように常に介護者がサポートすることこそ、利用者との信頼関係を築く第一歩です。しかし、信頼関係は簡単に築けるものではありません。利用者が心を開いてくれるのを待つのも、介護の仕事で大切なことです。そして、利用者のこれまでの生活や生活習慣、好きなものなどの情報をご家族から教えてもらい、コミュニケーションに活かしていきましょう。利用者の「こだわり」を重んじ、その人らしく生活できるように支援してくことが、介護では大切なのです。

CHAPTER

9

認知症・
その他の状況

利用者の状況や症状によって、
注意点や、心がけるべき点が異なります。
利用者の考えを尊重しながら、
よい介護をするために
適切な言葉がけを確認しましょう。

CHAPTER 9-1 認知症・その他の状況

利用者の言葉を否定せず内的世界を大切にする

記憶障害

　認知症による記憶障害が起こると、直前の出来事でも、すっかり忘れてしまうようになります。たとえば、数分前に食事を終えても、「ごはんはまだ？」と聞いてしまいます。食事はすでに済ませていることを説明しても、覚えていないので納得してもらえません。

　記憶障害のある利用者には、本人の考えを尊重した言葉がけが大切です。食後に「ごはんはまだ？」と質問されたら、「さっき食べましたよ」と否定したりせず、「もう少しでできあがりますよ」と答えたり、「少しテレビでも見ませんか」とほかのことに気を向けさせたりしましょう。認知症の進み具合によって、言葉を選ぶようにするとよいでしょう。

利用者の様子	介護者の対応
1 食事が済んでいても、「まだ食べていない」と言う。	1 その言葉を否定せず、利用者の気持ちを尊重する。
2 「さっき食べましたよ」と言われても、その記憶がないので納得できない。	2 テレビを見たりして、気分を紛らわせる。
3 「自分だけ食べていない」といった被害妄想がある。	3 お茶やクッキーなどを提供したり、1食分を小分けにして少しずつ提供する。

No.1 食事を「食べていない」と思っている①

『 いま作っているところです。もう少しお待ちください 』

×NG『 さっき食べましたよ 』

解説 食事を済ませたのに「食べていない」と言う場合には、決して否定せずに「もう少しで食事ができる」など、話を合わせましょう。

No.2 食事を「食べていない」と思っている②

『 まだできていないので、テレビを見て待ちましょう 』

×NG『 待っててください 』（とほったらかしにする）

解説 認知症の利用者は、満腹感を感じにくい傾向があります。すでに食事を済ませているなら、テレビや散歩などのほかのことで気を紛らわせましょう。

No.3 食事を「食べていない」と思っている③

『 そろそろできあがりますよ。お茶を飲んで待っていましょうか 』

×NG『 まだ食べる気ですか？ 』

解説 「私だけ食事を与えられていないのでは？」と思い込むこともあります。「みんな食べていないですが少しお腹がすきましたね」などと、軽食をすすめるのもよいでしょう。

CHAPTER 9-2 認知症・その他の状況

利用者が存在している「世界」を把握して対応する

見当識障害

　認知症の見当識障害が起こると、自分がいる場所や時間がわからなくなります。「昔の自分」に戻ることも多いので、言動から利用者が「今どんな世界にいると思っているのか」を把握して、それに合わせた言葉がけをしましょう。「持ち合わせがなく、代金を支払えないから」と食事を拒否することがありますので、その場合には、すでに利用者のご家族から代金をいただいているといった、説明をしましょう。

　また、自分の現状がわからずに不安になることが多いので、朝には「おはようございます」とはっきり伝えるなど、今の時間や場所を把握できる情報を入れた言葉がけをしましょう。

利用者の様子	介護者の対応
1 過去の自分に戻っている。	1 利用者がどの時代に戻っているのかを想像する。
2 いまいる場所や時間がわからずに不安。	2 場所や時間がわかるような言葉がけをする。
3 「お金を持っていないので、ここでは何もできない」と思っている。	3 お金は家族から預かっていると伝える。

No.1 「会社に行く」と訴える

『今日のお仕事はお休みなんですよ』

×NG『もう会社は退職されたでしょう』

解説 過去の自分に戻ってしまっている場合、利用者の発言や行動を否定せず、「今日の仕事は終わったんですよ」などと上手に話を合わせます。

No.2 場所・時間がわからずに不安

『○○さん、おはようございます。春らしく、すがすがしい朝ですね』

×NG『いまは朝の7時で、ここは××ケアセンターですよ』

解説 時間や季節がわからず不安になっている方には、おしゃべりや挨拶の中に、さりげなく情報を盛り込むようにします。

No.3 「お財布がない」と言う利用者に

『娘さんの○○さんから、お金は預かっています』

×NG『お金は必要ありません』

解説 食事などのときに「財布がないから代金を支払えない」と話す場合は、ご家族からすでに代金をいただいていることを説明します。

CHAPTER 9-3
認知症・その他の状況

焦らせることなく、動作を端的に伝えて失敗を防ぐ

実行機能障害と理解力・判断力障害

　認知症から起こる実行機能障害や理解力・判断力障害では、順序立てて物事を処理できなくなったり、複数のことを同時に処理できなくなるようになります。料理が得意だった人が調理の手順を忘れてしまうこともあります。また、たった今作業していたことを忘れてしまったり、物事に臨機応変に対応できなくなることが多く、突然の出来事に混乱してしまうこともあります。

　今までできていたことを失敗すると意欲の低下にもつながるので、利用者を手助けする場合には、ひとつの動作ごとに「これは〇〇です」「次は△△を使います」などの短い言葉がけで、作業の順番を確認するようにして、失敗を防ぎましょう。

利用者の様子	介護者の対応
1 異なることを同時に実施できない。	1 ひとつの行為に集中してもらう。
2 手順を忘れてしまって、できない。	2 ひとつひとつの動作を短い言葉で説明する。
3 失敗ばかりして、落ち込んでいる。	3 得意なことで自身を取り戻してもらう。

No.1 動作の説明①

「 こちらが塩です。砂糖はこちらです 」

×NG「 塩と砂糖を間違えないでください 」

解説 動作やものの説明をするときには、短めの言葉でわかりやすく伝えます。ひとつの文章で、2つ以上の事柄の説明はおこないません。

No.2 動作の説明②

「 次はシャツをたたみます 」

×NG「 お湯を沸かしている間に、シャツをたたんでください 」

解説 認知症の利用者は、異なる行為を同時進行で実施できないことが多いです。ふたつ以上の行為を頼む場合は、ひとつひとつ分けて依頼します。

No.3 作業の合間に

「 疲れませんか？ 少し休憩しましょう 」

×NG「 みなさん続けているので、○○さんもがんばってやりましょう 」

解説 認知症の利用者は、ほかの利用者よりも疲れやすいので、表情を観察しながら疲れが見えたところで休憩を入れましょう。

CHAPTER 9-4
認知症・その他の状況

複雑な問いかけは避けて
適切な動作や行動に導く

運動性失語と失行

認知症の症状のひとつに言語の理解はできても、話すことができない「運動性失語」があります。この場合、複雑な問いかけはせず、「はい」「いいえ」で答えられる質問をして、コミュニケーションを図るようにしましょう。

また、以前できていたことが正しくできなくなる「失行」という症状もあります。うがいなど日常の簡単な一連の動作ができなくなったり、衣類を渡されても着替えることができなかったりします。「口に水を少し含みましょう」「次は顔を天井に向けます」「ほっぺをふくらまします」などのように、動作をわかりやすく順番に伝えて、適切な行動ができるように導きましょう。

利用者の様子	介護者の対応
1 言葉は理解できているが、話すことができない。	1 「はい」「いいえ」で答えられる質問をする。
2 着替えることができない。	2 着替えの手順をわかりやすく伝える。
3 「うがい」がどのような行為かを忘れてしまった。	3 うがいのやり方を身ぶり手ぶりで示してみる。

No.1 「はい」「いいえ」で答えられる質問

『この花は、お好きですか？』

×NG『何が好きなんですか？』

解説 運動性失語を発症している人は言葉が出てこないため、複雑な会話ができません。「はい」「いいえ」で答えられる問いかけで会話をしましょう。

No.2 写真を使っての会話

（写真を見せて）
『息子さんはどこに写っていますか？』

×NG『息子さんはどんな人ですか？』

解説 写真や絵などを見せて、指さしてもらうことでもコミュニケーションは可能です。

No.3 着替えの手順を示す

『この袖の中に、右腕を通しましょう』

×NG『一人で着られますよね？』

解説 着替えの手順を忘れてしまい困っている場合には、動作を分けて、ひとつひとつ説明するようにします。

CHAPTER 9-5 認知症・その他の状況

収集

勝手に捨てたりせず会話から理由を探る

認知症には、さまざまな物を集める症状が出ることがあります。明らかに不要な物を集めるのが特徴で、同じ物を何度も持ち帰ることがあります。集めた物によっては不衛生な状態になり、本人や周囲の人に悪影響をおよぼすこともあります。

ただし、利用者本人は収集した物に意味を見出しているため、勝手に捨てたり取り上げたりしては、不信感や不安感を招き、認知症の症状を進行させてしまうことにもなりかねません。収集行動には利用者本人の寂しさやストレスが関係していることもありますので、利用者の話をよく聞いて収集の理由を聞き出し、最低限の衛生状態を保てるようにしましょう。

利用者の様子	介護者の対応
1 貴重な物なので、捨てられない。	1 不衛生な物は、その理由を伝えて処分する。
2 万が一のときのために保管しておきたい。	2 最低限の物だけを保管しておくようにしてもらう。
3 同じ物を何度も持ち帰ってしまう。	3 どうして集めているのか理由を聞き出す。

No.1 承諾を得て捨てる

「これは汚れているので、お預かりしますね」

×NG 勝手に処分する

解説 不衛生なものを集めているからといって、勝手に捨てることはNGです。必ず本人の承諾を得て、片付けるようにしましょう。

No.2 手放す理由を作る

「私もこれを使いたいので、譲っていただけませんか？」

×NG「汚いので捨てますよ」

解説 不要・不潔と思えるものでも、利用者は必要で大切なものとして収集しています。その気持ちを尊重して、処分する言葉がけをします。

No.3 収集の理由を探る

「どうしてこれを集めているのですか？」

×NG「こんな物を集めないでください」

解説 あまりにも収集物が増えすぎている場合は、まず収集の理由を利用者に尋ねましょう。そこに解決の糸口があるかもしれません。

CHAPTER 9-6
認知症・その他の状況

無理に眠らせず安心させる言葉がけを

夜間徘徊

認知症の利用者が夜間に徘徊することはめずらしくありません。よくあることです。これは、自分のいる場所や時間がわからなくなってしまったことからおこる不安と、長年の生活習慣が結びついて引き起こされるので、介護者が「いまは夜中ですよ」と説明しても、「仕事は何時からだ？」と尋ねたりします。

このような利用者には、「明日のお仕事に備えて休みましょう」と睡眠をうながしたり、無理に眠らせようとせずに徘徊に付き合うようにしましょう。また、徘徊の理由を説明できない利用者には、「どうしましたか？ お仕事に行くのですか？」と問いかけながら理由を探り、「お仕事のために、ゆっくり休みましょう」と利用者が安心できるような言葉がけをします。

利用者の様子	介護者の対応
1 過去の自分に戻ってしまい、「明日の会議が心配」で眠れない。	1 その言葉を否定せずに受け止める。
2 目が覚めたときに、知らない場所で不安。	2 会話をして、気持ちを落ち着かせる。
3 自宅に帰ろうとしている。	3 「明日の朝、帰りましょう」などと言って安心させる。

No.1 過去の自分について話す利用者に①

『そうですか。明日の仕事が心配なのですね』

×NG『明日の仕事なんてないですよ』

解説「明日の仕事が心配で眠れない」など過去のことを思い出して話す利用者には、まずはその考えを否定せず、受け止める言葉がけをします。

No.2 過去の自分について話す利用者に②

『では、明日の仕事に備えて、しっかり睡眠をとりましょう』

×NG『明日の仕事は、ほかの人がやってくれますよ』

解説「明日の仕事が心配で眠れない」と利用者が言う場合には、「その仕事のために眠りましょう」と睡眠をうながします。

No.3 自宅に帰ろうとしている利用者に

『家に帰るのは明日の朝にして、今夜は眠りましょうね』

×NG『いまはここに住んでいるんですよ』

解説自宅に帰ろうとして徘徊している利用者には、帰ろうとする気持ちを否定せず、いまは眠る時間であることを伝えましょう。

CHAPTER 9-7 認知症・その他の状況

説明して同意を得てから介助を実施

暴力

　認知症の利用者が突然暴力をふるうことは少なくありません。その原因は、極度の不安感や恐怖感といわれています。たとえば、寝起きの利用者をトイレに連れて行こうとしただけで、「何をするんだ！」と怒り出し、暴力をふるうこともあります。これは、突然どこかに連れて行かれるという不安感と恐怖感によるものです。

　認知症の利用者に何らかの介助をするときには、「病院に行くので着替えませんか？」など説明をして、同意を得てから実施するようにします。また、介助をしているときの利用者の表情をよく観察し、不安や恐怖を感じていないかを確認するようにしましょう。

利用者の様子	介護者の対応
1 断りもなく介助をされた。	1 介助の前には、何を、どんな目的でおこなうのかを説明し、同意を得る。
2 突然、目の前に人（＝介護者）が現れて驚いている。	2 言葉がけをした後、利用者の視野に入って目を合わせる。
3 どこかに連れて行かれそうになっているのが怖い。	3 行き先を告げてから移動する。

No.1 介助の説明①

『これから着替えをお手伝いしますが、よろしいですか？』

×NG 何も説明せずに、着替えの介助をはじめる

解説 説明や同意もなく介助をすれば、利用者は「なぜ突然こんなことをされるのか」という驚きと不安から暴力をふるうことがあります。

No.2 介助の説明②

『○○さん、私は介護職員の△△です。食堂に行くので、車イスに乗りましょう』

×NG いきなり利用者の前に現れる

解説 介護者の顔を忘れてしまっていることもあります。利用者の視野に入って名乗り、これからおこなう介助の説明をしましょう。

No.3 介助の説明③

『ごはんを食べ終わりましたので、トイレに行きませんか？』

×NG （本人の意思を確認せず）『トイレに行きますよ』

解説 利用者から介助の同意を得るには、一方的に「～します」と言うのではなく、「よろしかったら～しませんか？」と問いかけるようにします。

CHAPTER 9-8
認知症・その他の状況

妄想や幻覚などについて否定せずに話を聞く

そのほかの認知症の症状

　ここまで紹介した以外にも、認知症が引き起こす困った症状がいくつかあります。たとえば「誰かが財布を隠した」などの、現実ではないことを真実と強く思い込む「妄想」です。妄想は周囲の人が考えを訂正させようとしても、認知症の人が意見を変えることはありませんので、「それは困りましたね」などと訴えを聞き、否定も肯定もしない態度で接する必要があります。

　また、存在しないものが見えたり聞こえたりする「幻覚」や「幻聴」も認知症の症状のひとつで、特にレビー小体型認知症では発症しやすいです。幻覚におびえている利用者には、「私が追い払いましょう」などの、幻覚を取り除くような言葉がけや演技をするようにしましょう。

利用者の様子	介護者の対応
1 財布が「なくなった」「誰かに盗まれた」と言って探し続ける。	1 否定せずに、利用者に安心してもらえるような言葉がけをする。
2 配偶者が「浮気している」など事実ではないことを言う。	2 否定も肯定もせず、本人が納得するまで話を聞く。
3 存在しないものが見えて怖がる。	3 利用者が見えているものを追い払うような演技をする。

No.1 被害妄想①

『貴重品は金庫に預かっています』

×NG『最初からお財布なんて持っていませんでしたよ』

解説 所持していないものを「誰かが隠した」と訴える場合、上手に嘘をついて、安心してもらえるような言葉がけをしましょう。

No.2 被害妄想②

『どうしてそう思われるのですか？』

×NG『そんなの嘘ですよ』

解説「配偶者が浮気している」と事実ではないことを話す利用者には、否定も肯定もせず、なぜそう思うのかをじっくり聞きましょう。

No.3 幻覚におびえる

『そんな怖いものは、私が追い払ってしまいましょう。えいっ！』

×NG『そんなものいませんよ』

解説 幻覚におびえている利用者に対して、「天井に虫がいる」という場合であれば、言葉がけをしながら天井に殺虫剤をまくような演技をしましょう。

CHAPTER
9-9
認知症・その他の状況

言葉がけをしながら
食事に意識を集中させる

食事介助

　認知症が進むと、自分で箸を使えなくなることがあります。手づかみで食べようとしたら、言葉がけしながらスプーンやフォークを持たせて、食べてもらうようにしましょう。また、食べ物で遊ぶようであれば、食事から気がそれているおそれもありますので、食事に集中させる言葉がけをします。

　ほかの利用者の食事に手を出してしまったら、まずは手を出された人に謝罪したうえで、その場をなごませるように、「あちらのごはんがおいしそうだったのかしら？」といった言葉がけをします。認知症の利用者を叱ることなく、手を引っ込めてもらえるように言葉がけしながら、自分の食事に気が向くように座席の位置を変えたりしましょう。

利用者の様子	介護者の対応
1 箸がうまく使えず、手づかみで食べる。	1 スプーンやフォークで食べてもらう。
2 食べ物で遊ぶ。	2 満腹になっていないかを確認し、食事に集中できる言葉がけをする。
3 ほかの利用者の食事に手を出す。	3 手を出された人に謝罪し、食事に集中できるように環境を作る。

No.1 手づかみで食べる

「ここにスプーンがありますよ。使ってみましょう」

×NG **「手づかみで食べないでください」**

解説　手づかみで食べようとする利用者には、叱らずに、スプーンやフォークでの食事を勧めましょう。また一緒に箸やスプーンを持ち、口まで持っていくことで、次からひとりで食べはじめることもあります。

No.2 食べ物で遊ぶ

「とってもおいしそうですよ。ひと口食べてみましょう」

×NG **「食べ物で遊ばないでください」**

解説　食事をしていることを認識してもらうために、食べ物を口に入れることを勧めます。食欲がないようなら、しばらくしてから勧めましょう。

No.3 ほかの利用者の食事に手を出す

「○○さんの食事はこちらです。見えにくかったですね。座席を動かしましょう」

×NG **「何をやってるんですか!」**

解説　まずは手を出された利用者に謝罪したうえで、利用者の座席を動かすなどして、自分の食事に集中できる環境を作ります。

CHAPTER 9-10
認知症・その他の状況

排泄間隔を把握して誘導をおこなう

排泄介助

　認知症になると、排泄の意味や排泄の方法を理解できなくなる人がいます。また、皮膚感覚が麻痺して、失禁に気がつかない人も多いので、利用者の排泄間隔を把握して、タイミングよくトイレに誘う必要があります。「トイレ」の意味がわからないこともあるので、「トイレに行きますよ」と言葉がけをしつつ、手招きをしながらトイレに誘うようにします。

　おむつを使用している場合には、不快な状態が続くと、自分でおむつを外して便に触ってしまったりするので、排泄間隔を把握して、おむつが濡れ続ける状態を作らないようにしましょう。

利用者の様子	介護者の対応
1 排泄行為の意味がわからない。	1 排泄のサインを見逃さず、トイレに誘導する。
2 失禁の感覚がわからない。	2 排泄間隔を把握し、定期的にトイレへ誘導する。
3 おむつの便を触ってしまう。	3 排泄間隔を把握し、定期的におむつ交換をする。

No.1 排泄の意味がわからない

『 一緒にこちらに行きましょう 』

×NG『 トイレの仕方がわからないんですか？ 』

解説　排泄自体の意味がわからなくなっている利用者には、「トイレ」という言葉を使わずに案内し、トイレの使い方から説明します。

No.2 失禁に気づかない

『 気持ち悪いですよね。気がつかずに申し訳ありません 』

×NG『 どうして教えてくれないんですか？ 』

解説　失禁に気づかずに衣服を汚したままの状態になっているときは、決して叱らず、「こちらが気づくのが遅かった」といった言葉がけをおこないます。

No.3 おむつに出た便を触ってしまった

『 大丈夫ですよ。すぐにきれいにしますからね 』

×NG『 汚いから触らないでください 』

解説　「汚い」という言葉は利用者を傷つけてしまいますので避けましょう。

寝たきりの人

CHAPTER 9-11 認知症・その他の状況

状況を理解して威圧感を与えない

　寝たきりの利用者に対しては、体を自由に動かせずにいるという状況にあることを十分に理解したうえで、その人らしい生活が送れることを心がけます。

　言葉がけのときは、ベッドで寝ている人を見下ろしてしまうと威圧感を与えるので、必ずベッドの横にしゃがみ、目線を横から合わせましょう。また、寝たきりの状態では視野が狭くなっており、利用者は視覚での状況確認がむずかしくなっています。そのため、さまざまな介助を説明せずにはじめると、「何をされるのだろう」と不安になってしまいますので、必ず具体的な説明をして、利用者に安心してもらいましょう。

利用者の様子	介護者の対応
1 寝ていると思っているのか、介護者があいさつをしてくれない。	1 部屋に入るときには、必ずあいさつをする。
2 見下ろすように声をかけられるのが怖い。	2 ベッドの横にしゃがみ言葉がけをおこなう。
3 何の介助なのか説明がなくされるのが怖い。	3 介助の前には、必ず具体的な内容を説明する。

No.1 寝たきりの人へのあいさつ

「○○さん、ご気分はいかがですか？」

×NG あいさつをせずに介護をはじめる

解説 目覚めていないように思われる利用者にも、必ずあいさつをしましょう。複数の利用者がいる部屋では、すべての人にあいさつをします。

No.2 （ベッドの横にしゃがんで）介助前の説明

「お食事の時間ですので、ベッドを少し上げますね」

×NG （利用者を見下ろして）「ベッドを上げます」

解説 寝たきりの利用者に言葉がけをするときには、見下ろすようにはせず、必ずベッドの横にしゃがんで、目線を合わせましょう。

No.3 介助前の説明

「着替えのお手伝いをいたします。まずはお洋服を脱ぐためにボタンを外しましょう」

×NG 「やりますよ」

解説 寝たきりの利用者は視野が限られているので、具体的に、わかりやすい言葉で説明します。

CHAPTER 9-12 認知症・その他の状況

利用者の生活や気持ちを尊重したコミュニケーションを

視覚障害者

　視覚障害には、先天的なものと後天的なものがあります。先天的な視覚障害者は、長い時間をかけて自分なりのコミュニケーション方法を確立して生活していますので、その人のコミュニケーション方法を尊重して言葉がけをおこないましょう。また、食事介助では、時計の文字盤を例にして、食べ物がどの位置にあるかを説明する「クロックポジション」を用います。

　後天的な視覚障害者は、自分が視力を失うとは想像もしていなかったため、不安と悲しみを抱えて生活しています。自立の訓練や日常的生活行為の介助では、具体的にイメージできる言葉がけを心がけてコミュニケーションをとりましょう。

利用者の様子	介護者の対応
1 （先天的な視覚障害者）食事の介助をしてほしい。	1 クロックポジションを用いて介助する。
2 （先天的な視覚障害者）点字よりも音声で文章の内容を知りたい。	2 音声データを探し、提供する。
3 （後天的な視覚障害者）1人で歩くのが不安。	3 具体的な言葉がけをしながら、歩行介助をおこなう。

No.1 先天的な視覚障害者への食事介助

「今日の食事は魚の煮物ときゅうりの漬け物です。煮物は2時の方向、漬け物は7時の方向にあります」

×NG「ここに魚の煮物がありますよ」

解説 食器を置いた場所を時計の文字盤に見立てて、時間の位置に合わせた説明をする「クロックポジション」を用いましょう。

No.2 後天的な視覚障害者への歩行介助

「5歩先から、階段が始まります」

×NG「階段がありますよ」

解説 後天的な視覚障害者には、歩数や距離などの具体的な数字を用いて介助をおこなうと伝わりやすくなります。

ポイント解説

高齢者の後天的視覚障害の原因は?

高齢者の後天的な視覚障害は、次のような加齢が要因とされる眼疾患によって引き起こされることが多いです。

白内障………目のレンズである水晶体が白く濁る。80歳を超えると、ほとんどの人が患っているとされている。
緑内障………視神経の障害により、視野が狭くなる。
加齢黄斑変性…目から入って来た光を受け取る網膜の中心部分である黄斑が、加齢とともに変化して視力の低下を引き起こす。

おわりに

　先日、ある研修に参加した際に、講師が「介護職員は、認知症の人との会話において会話が成り立たないにも関わらず、何となく会話を続けている時がある」と話されていました。これは、「知らず知らず"相手が何を考えているのか""きっとこんな事を考えているのだろう"と自分が相手を思いやっているからこそなせる技なのだ」と言われるのです。

　私自身、このような働きかけややりとりは介護職員として当たり前のように行っていました。ただ、こうやって改めて考えてみると、介護の仕事というのは、相手を思いやれる仕事、見えないものを見、声なき声を聴き、利用者の生きた歴史から内的世界を探る、想像力を働かせる、想いに気付く、などその人を「全人的に見る」という癖を身につけられる素晴らしい仕事なのだ、と思ったのです。私が介護職になって身につけた一番の宝物は「相手を思いやる」技術なのではないか、と思います。

　利用者が笑顔で放った「ありがとう」という言葉ひとつをとっても、その裏に、介護職員は感謝の気持ちとは別にご本人の「情けなさ」や「負い目」といった感情まで見つけることがあります。実の子どものように優しく

接してくれる利用者、難しい対応が迫られるけれどその経験が介護職員としてのスキルを上達させてくれる利用者、そんな方たちとの数々の出会いは我々を確実に成長させてくれます。私たちは人生の大先輩たちとコミュニケーションをとる上で「生き方」「死に方」を学ばせていただいているのだと思うのです。

　人間は誰しもが必ず老います。頑張って働いて人のために尽くした人もいるでしょう。輝いた時代を経て最後は病気になったり障害を持ち「できないこと」がたくさん増えていくわけです。最後に自分を尊敬してくれる人がいなければ、今までの人生は一体何だったのでしょう。人を思いやり、尊敬することを続けられる仕事、それが介護職の仕事の醍醐味だと思います。

　誇りを持って介護の仕事を続けましょう。あの人みたいな仕事がしてみたい、と後進に思わせるような、そんな仕事をしていきましょう。皆さんの「言葉」が命を持ち、様々な現場で利用者の笑顔を引き出し、仲間と喜びを分かち合える、そんな場面のために、本書がお役に立つことができたらどんなに幸せでしょう。

尾渡　順子

■ **監修**

尾渡順子（おわたり・じゅんこ）
介護福祉士、社会福祉士、介護支援専門員、認知症ケア上級専門士、介護予防指導士、介護教員資格等を取得。介護技術や認知症介護、コミュニケーションに関する研修講師も勤める。2014年、アメリカ・オレゴン州のポートランドコミュニティカレッジにて、アクティビティディレクター資格を取得する。2011年5月より社会福祉法人興寿会教育実践研修センター所長代理となり、認知症介護レクリエーションを通じて多くの高齢者に「人と触れ合う喜び」を伝え、介護従事者に「介護技術としてのレクリエーション援助」を広める一方で、介護情報誌やメディアにおいて執筆などを手掛けている。著作として「みんなで楽しめる高齢者の年中行事＆レクリエーション」（ナツメ社）、「おはよう21増刊号　楽しい！　盛り上がるレクリエーション大百科」（中央法規出版）、「介護現場で使えるコミュニケーション便利帖」（翔泳社）などがある。

■ **STAFF**

編集協力	スタジオダンク（渡邊雄一郎、是光皓平）
	浅井貴仁
	三浦由子
デザイン	伊地知明子
イラスト	イイノスズ

介護で使える言葉がけ
シーン別実例250

監　修	尾渡順子
発行者	佐藤　秀
発行所	株式会社 つちや書店
	〒113 - 0023
	東京都文京区向丘1-8-13
	TEL　03-3816-2071
	FAX　03-3816-2072
	E-mail　info@tsuchiyashoten.co.jp
印刷・製本	日経印刷株式会社

© Tsuchiyashoten, 2017 Printed in Japan　　　　http://tsuchiyashoten.co.jp

本書内容の一部あるいはすべてを許可なく複製（コピー）したり、スキャンおよびデジタル化等のデータファイル化することは、著作権上での例外を除いて禁じられています。また、本書を代行業者等の第三者に依頼して電子データ化・電子書籍化することは、たとえ個人や家庭内での利用であっても、一切認められませんのでご留意ください。この本に関するお問い合せは、書名・氏名・連絡先を明記のうえ、上記FAXまたはメールアドレスへお寄せください。なお、電話でのご質問はご遠慮くださいませ。また、ご質問内容につきましては「本書の正誤に関するお問い合わせのみ」とさせていただきます。あらかじめご了承ください。

2009-1-2